Johanna Schaal

Knoblauch

Johanna Schaal

Knoblauch

Eine ganz besondere Knolle

190 köstliche Rezepte, lecker und gesund

Seehamer Verlag

Bildnachweis:
Für die freundliche Überlassung der Abbildungen danken wir im einzelnen den folgenden Firmen (in alphabetischer Reihenfolge):
The Food Professionals Pressedienst GmbH, Sprockhövel:
Granini, Abb. zu Rezept Seite 54.
Ketchum Public Relations, München, und dort im einzelnen:
Deutsche Champignons, Abb. zu Rezept Seite 162,
Deutscher Käse, Abb. zu Rezept Seite 142,
Kikkoman, Abb. zu den Rezepten Seite 77, 103,
USA Sunflower, Abb. zu Rezept Seite 141.
C. H. KNORR GmbH, Heilbronn: Abb. zu den Rezepten Seite 21, 26, 139.

Gestaltung: Bine Cordes, Weyarn
Umschlagfoto: Bildagentur Mauritius, Mittenwald
Printed in Austria
ISBN 3-932131-49-5

Inhalt

Knoblauch – Das Lebenselixier der Menschheit

Endlich ist sie salonfähig geworden – die älteste Kultur-, Würz- und Heilpflanze! Noch vor wenigen Jahren rümpfte man dic Nase über jeden, der eine sogenannte „Knoblauchfahne" um sich wehen ließ. Heute ist es fast soweit, daß sich der Feinschmecker damit schmückt, wenngleich man sich doch bemüht, auf die eingefleischten Knoblauchverächter Rücksicht zu nehmen. Es soll tatsächlich immer noch Menschen geben, die ihn nicht riechen können. Dabei ist es eine alte Tatsache, daß man den Geruch des Knoblauchs bei anderen am allerwenigsten wahrnimmt, wenn man ihn selbst in kräftigen Mengen genossen hat.

Fest steht, daß schon ein Hauch von Knoblauch den meisten Gerichten erst zu wahrem Aroma verhilft, der Mahlzeit sozusagen erst den richtigen Pfiff gibt.

Das beste aber am Knoblauch ist, daß er auch noch gesund ist: Er senkt den Cholesterinspiegel und pflegt die Gefäße. Woran das liegt, darüber später mehr.

Knoblauch – also ein Genuß ohne Reue!

Wo kommt der Knoblauch her?

Will man die Geschichte des Knoblauchs zurückverfolgen, kommt man zu der Erkenntnis, daß er wohl seit Menschengedenken als Heil- und Würzpflanze gedient hat und zu den ältesten Kulturpflanzen der Welt gehört. Jedes Volk hat seine eigenen Legenden und speziellen Rezepte rund um den Knoblauch und teilweise auch eigene Überzeugungen. Im Laufe der Jahrhunderte wurden ihm, auch je nach Bedarf, heilbringende Wirkungen nachgesagt. Wie man früher ein Mittel gegen die Pest brauchte, so drehen sich im ausgehenden 20. Jahrhundert die Fragen eher um die Heilung von Krebs und Aids, beziehungsweise eine wirksame Vorbeugung gegen die heutigen Geiseln der Menschheit. Aber daß man dem Knoblauch eines Tages den Beinamen „Lebenselixier der Menschheit" gab, beweist, welche wohltuenden Qualitäten dem Knoblauch nachgesagt werden.

Das älteste Knoblauchrezept ist ca. 5.000 Jahre alt und wurde in Keilschrift auf Tontafeln gefunden:

Man nehme 350 g Knoblauch, schäle ihn und presse ihn, vermische ihn mit 200 g 96prozentigem Weingeist in einem Glas, verschlossen 10 Tage in einem kühlen Raum stehen lassen. Nach Ablauf von 10 Tagen wird die Mischung gefiltert, der Knoblauch gut ausgedrückt. 2 Tage später kann die Knoblauch-Kur beginnen, von der man sich eine positive Wirkung auf den Stoffwechsel versprach, ebenso wie eine Senkung des Infarktrisikos, eine erhöhte Elastizität der Blutgefäße und eine Verbesserung der Sehkraft.

Bei der Kur verfahre man wie folgt: In jeweils ca. 50 ml Milch nehme man am 1. Tag zum Frühstück 1 Tropfen, zum Mittagessen 2 Tropfen und zum Abendessen 3 Tropfen. Am 2. Tag nimmt man entsprechend 4, 5 und 6 Tropfen und so weiter, bis man am 5. Tag 13, 14 und 15 Tropfen einnimmt. Von da an geht das Ganze rückwärts: Am 6. Tag nimmt man 15 Tropfen zum Frühstück, 14 zum Mittagessen und 13 zum Abendessen. Am 10. Tag ist man bei 3, 2 und 1 Tropfen angekommen.

Anschließend nimmt man 3mal täglich 25 Tropfen, bis die Mischung aufgebraucht ist. Nach 5 Jahren jeweils – so wurde empfohlen — wiederhole man die Kur.

Ein weiteres Dokument findet sich im alten Ägypten, in einer der höchsten Pyramiden bei Gizeh, wo eine Knoblauchzehe eingemeißelt wurde. Der dazugehörige Text lobt die Qualitäten des Knoblauchs, die während des Baus die Gesundheit und Schaffenskraft der Arbeiter gesichert und erhalten haben. Auch bei Herodot ist überliefert, daß die Fronarbeiter mit Knoblauch, Zwiebeln und Rettich bei bester Gesundheit gehalten wurden, auch Seuchen und Infektionen glaubte man dadurch vermeiden zu können.

In der Mythologie wird der Knoblauch als Quelle ewiger Jugend gepriesen, er bringt verlorene Kraft zurück und hält außerdem böse Geister und Vampire fern.

Der Talmud empfiehlt den täglichen Genuß von Knoblauch, denn er sättige den Körper, gebe dem Gesicht Klarheit, stärke die Manneskraft und vertreibe Parasiten aus dem Darm.

Auch bei den Griechen und den Römern galt der Knoblauch als Wunderdroge. Man glaubte sogar, daß er seine heilsame Wirkung schon ausübe, wenn man ihn nur an die Wand male. Den Olympioniken fütterte man Knoblauch in größeren Mengen, bevor man sie in den Kampf schickte.

Die Pflanze Knoblauch

Knoblauch – *lat. Allium sativum* — gehört zu den Zwiebelgewächsen und ist somit ein Verwandter von Zwiebel und Lauch. Diese gehören zur Familie der Liliengewächse, *Liliaceae* genannt. Als ausdauernde, mehrjährige Staude gedeiht der Knoblauch fast in jedem Garten ohne viel Mühe, vorausgesetzt, daß er viel Sonne hat. Auch sollte der Boden nicht überdüngt oder zu feucht sein.

Man pflanzt den Knoblauch etwa 3 cm tief im Reihenabstand von ca. 15 cm und im Pflanzabstand von ca. 10 cm. Je nach Klima pflanzt man die Zehen im Herbst bzw. im Frühjahr bei etwas rauherem Klima.

Die Knoblauchpflanze hat grasartige flache Blätter und einen spitz verlaufenden scheindoldigen Blütenstand mit rötlich-weißen Blüten auf einem Hohlstiel. Blütezeit ist im

Hochsommer. Jedoch ist es nicht der oberirdische Teil der Pflanze *Allium sativum*, der uns interessiert, sondern der unterirdische: die zwiebelförmige Knolle, die aus einer Anzahl von eirunden spitz zulaufenden Zehen besteht. Die einzelnen Zehen werden durch eine weiß-rosa Haut umschlossen.

Sobald sich die oberirdischen Teile des Knoblauchs am Ende des Sommers gelblich färben, ist Erntezeit für die Knollen. Anschließend werden sie an einem luftigen Ort zum Tocknen aufgehängt. Bei richtiger Lagerung hält sich der Knoblauch je nach Sorte bis zu einem Jahr. Konservieren läßt er sich besonders gut in Alkohol und in Öl.

Was macht den Knoblauch zur Heilpflanze?

Im Knoblauch sind eine Vielzahl von Enzymen, Fermenten, Hormonen, Vitaminen und Jod enthalten. Das Wichtigste allerdings ist das Alliin, das bei Berührung mit Sauerstoff in Allicin verwandelt wird. Wenn man die Knoblauchzehen zerdrückt, wird Alliinase frei, die aus Alliin Allicin werden läßt.

Dem Allicin sagt man eine antibiotische, antimikrobielle, antioxidative und eine lipidsenkende Wirkung nach. Der Knoblauch wird deshalb seit Jahrhunderten zur Vorbeugung, zur Kräftigung und zur Leistungssteigerung eingesetzt. Außerdem soll er lebensverlängernd wirken, was zu der Legende führte, daß Menschen, die regelmäßig Knoblauch essen, alt werden wie Methusalem. Inzwischen existieren auch Studien, in denen man das Eßverhalten von Menschen, die über 100 Jahre alt wurden, untersucht und dokumentiert hat. Zu einem sehr hohen Prozentsatz waren dies Menschen, die regelmäßig Knoblauch verzehrt haben.

Die Weltgesundheitsorganisation hat festgestellt, daß in allen Ländern mit hohem Knoblauchverzehr (Mittelmeer und Balkan) die Verbreitung von Gefäßkrankheiten, in deren Folge Schlaganfall und Infarkt drohen, viel geringer ist als in den mitteleuropäischen Ländern. Man möge einwerfen, daß hier sicherlich auch andere Faktoren eine Rolle spielen, wie z.B. die Bevorzugung pflanzlicher Öle. Dennoch scheint es erwiesen, daß das Risiko von Herz-Kreislauf-Versagen in Folge verengter Gefäße bei Menschen, die von klein auf an Knoblauch gewöhnt waren, wesentlich geringer ist.

Der Knoblauch wirkt aber nicht nur auf die Gefäße kräftigend und reinigend, er senkt den Cholesterinspiegel und wirkt positiv auf den Darm und damit auf den Stoffwechsel. Schon Hippokrates erwähnt den Knoblauch als natürliches Abführmittel und verabreichte ihn seinen Patienten bei Darminfektionen. Daß der gesunde Darm eine Grundvoraussetzung für den gesunden Organismus ist, hat man schon früh erkannt. Der bekannte österreichische Arzt Dr. Franz Xaver Mayr verglich den Darm mit der Wurzel einer Pflanze. So wie die Wurzel sich aus der gesunden Erde ernähren kann, so ernährt sich der Mensch über den Darm aus der Nahrung. Nur bei gesunder und ausgeglichener Darmflora funktioniert das System. Und hier ist der Knoblauch mit seiner antibakteriellen und entgiftenden Wirkung äußerst segenspendend.

In seiner Wirkweise hat man den Knoblauch schon oft mit Penicillin verglichen und ihn sogar statt dessen eingesetzt. Die Effektivität des Knoblauchs ist zwar etwas schwächer als die des Penicillins, aber dafür auch ausschließlich positiv. Denn das Penicillin ist für seine nicht geringen Nebenwirkungen bekannt. Die Nebenwirkungen des Knoblauchs sind dagegen immer nur positiv, d.h. er wirkt immer gleichzeitig ausgleichend und kräftigend auf den gesamten Organismus.

Erwähnenswert ist auch die verhältnismäßig hohe Selenkonzentration im Knoblauch. Selen ist ein für den Menschen lebenswichtiges Spurenelement, über dessen Bedeutung man sich erst in den vergangenen 25 Jahren bewußt geworden ist. Unter anderem hat man bei Krebspatienten einen äußerst geringen Selengehalt im Blut festgestellt, was zu der Annahme führte, daß man mit konzentrierten Knoblauchgaben dem Krebs entgegenwirken könne. Bewiesen ist dies allerdings noch nicht.

Dem Selen sowie den zahlreichen anderen Schwefelverbindungen im Knoblauch ist auch seine antioxidative Wirkung zu verdanken. Er schützt so die Körperzellen vor den sogenannten freien Radikalen, die unseren Körper ständig bedrohen und schwächen. Außerdem leistet das Selen einen wichtigen Beitrag zur Sehfähigkeit des Auges.

Knoblauch als Hausmittel

Zusammenfassend läßt sich sagen, daß der Knoblauch seit Jahrtausenden als bewährtes Hausmittel zur Kräftigung des Organismus, zur Vorbeugung, aber auch zur Bekämpfung von Krankheiten gilt. Die Frage der Dosierung stellt sich von Fall zu Fall neu. Als Richtlinie für eine tägliche Ration betrachtet man ein bis zwei frische Zehen.

Im folgenden liefern wir einige Rezepte aus Großmutters Hausapotheke:

Allgemeines Stärkungsmittel

Man nehme 1 große frische Knoblauchknolle, schäle und hacke sie sehr fein. Mit ca. ½ l Wasser übergießen und 3 Minuten kochen lassen. So erhält man eine relativ starke Konzentration, die man je nach Bedarf mit 1 bis 2 Tassen Wasser verdünnen kann.

Unverdünnt kann man die Mischung zum Gießwasser für Zimmerpflanzen geben, um diese vor allen möglichen Schädlingen zu schützen. Wenige Tropfen im Fell von Haustieren verrieben vertreiben sicher deren Flöhe.

Dem Menschen hilft dieses Mittel in verdünnter Form zur Regulierung von Darm und Blase, bei Depressionen nimmt man kurzfristig stündlich eine halbe Tasse.

Gegen Grippe nimmt man die unverdünnte Mischung dreimal täglich 1 Tasse, bis Husten und Schnupfen vergehen. Allein das Gurgeln mit diesem Stärkungsmittel bringt schon Erleichterung im Hals.

Knoblauch-Honig-Medizin

Eine Knoblauchzehe sehr fein zerrieben, gemischt mit 2 TL flüssigem Honig, ergibt ein hervorragendes Mittel gegen Husten. Je nach Schwere des Hustens nimmt man stündlich 1 TL davon, wenn der Husten abklingt nur noch dreimal am Tag.

Knoblauch-Branntwein

Eine hervorragende Art, den Knoblauch in seiner heilbringenden Wirkung über längere Zeit zu konservieren, besteht darin, daß man ihn in Branntwein einlegt. Für 1 l Branntwein nimmt man 250 g geschälte und sehr fein gehackte Knoblauchzehen. In einem gut verschlossenen Gefäß lagert man die Mischung 14 Tage bei ca. 30 Grad Wärme, und schüttelt sie mehrmals täglich gut durch. Nach Ablauf von 14 Tagen wird alles durch ein Sieb gefiltert. Der Knoblauch-Branntwein ist mindestens 1 Jahr haltbar. 1 Stunde vor jeder Mahlzeit nehme man 10 bis 15 Tropfen davon. Die Wirkung ist blutreinigend und stärkend für den gesamten Organismus.

Knoblauch-Zitronen-Medizin

Diese Mischung gilt als unentbehrliches Entkalkungs- und Verjüngungsmittel. Hierfür benötigt man 30 frische Knoblauchzehen und 5 ungespritzte Zitronen. Knoblauchzehen schälen und zusammen mit den ungeschälten Zitronen im Mixer zerkleinern, mit 1 l Wasser übergießen und langsam zum Kochen bringen. Nur kurz aufwallen lassen. Abkühlen lassen und durch ein Sieb drücken. Die Anwendung empfiehlt sich als Frühjahrskur. Man nehme über 3 Wochen jeweils zur Hauptmahlzeit 2 cl in einem Schnapsgläschen ein. Wer mag, kann noch 1 TL Honig zum Süßen hinzufügen. Nach 3 Wochen sollte man eine Woche Pause einlegen und dann die Knoblauch-Zitronen-Kur noch einmal drei Wochen wiederholen.

Knoblauch und seine (unangenehmen) Folgen

In manchen Gegenden nennt man den Knoblauch auch Stinkewurzel. Es ist hinreichend bekannt, daß man nach dem Genuß, auch von kleinen Mengen Knoblauch, durch alle Poren „stinkt". Dieser Duft ist, wie zum Hohn, gerade dem Stoff zu verdanken, der den Knoblauch so gesund macht, dem Allicin. Da das Allicin aber nicht durch den Mund ausgeatmet wird, sondern über die Haut, sind auch die meisten Hinweise zur Bekämpfung des Geruchs eigentlich nicht ernst zu nehmen.

Manche empfehlen einen starken Kaffee oder eine Tasse Milch, andere empfehlen, frische Petersilie zu essen. Die Spanier kauen Gewürznelken, aber der beste Tip kommt wohl von den Franzosen: mit viel Rotwein nachspülen! Aber all diese Versuche werden nicht verhindern können, daß das Allicin über die Haut ausgeatmte wird. Deshalb kann man nur raten, die Hauptknoblauchration auf das Wochenende zu verlegen, bzw. die echten Knoblauchverächter zu meiden, nicht ohne sie auch zu bedauern: Denn sie wissen nicht, welcher Genuß ihnen entgeht!

Entgegen der allgemeinen Meinung, daß der Knoblauch in Drageeform keine Ausdünstungen hervorruft, wird auch in diesem Fall das Allicin durch die Haut ausgeatmet. Es gibt allerdings ein einziges Produkt, bei dem der Knoblauch in Gelatinekapseln geliefert wird, die gegen den Magensaft resistent sind, so daß sie sich erst im Dünndarm auflösen, an dem Ort, wo sie auch ihre Heilkraft entfalten. In diesem Falle sind die Ausdünstungen nicht mehr so störend.

Die Kunst des Kochens mit Knoblauch

Bis auf wenige Ausnahmen (s. Rezept „Huhn mit 40 Knoblauchzehen“) wird der Knoblauch als Würze immer fein gehackt oder durch eine Presse gedrückt. Zuvor muß man allerdings die feine Haut entfernen, die die einzelnen Zehen umhüllt. Es empfiehlt sich, sämtliche braune Stellen wegzuschneiden und auch das die „grüne Seele“ genannte Innere, das sich allerdings erst bei älterem Knoblauch zeigt. Beides könnte nämlich den Geschmack des Gerichts ganz empfindlich stören.

Eine Knoblauchpresse zählt zur Grundausstattung einer Küche. Man erhält sie in jedem Kaufhaus oder im Haushaltswarengeschäft. Puristen zerdrücken den Knoblauch mit etwas Salz im Mörser, wie es unsere Vorfahren noch getan haben.

Grundsätzlich verwende man in der Küche immer möglichst frischen Knoblauch, da er am intensivsten schmeckt. Zu beachten ist weiterhin, daß man den Knoblauch nie allzu sehr erhitzen sollte, da man dadurch nicht nur viele seiner guten Inhaltstoffe zerstört, sondern das Gericht auch einen unangenehmen bitteren Beigeschmack bekommen kann. Deshalb wird in den meisten Rezepten darauf hingewiesen, daß man den Knoblauch möglichst erst gegen Ende der Garzeit hinzufügt. Sollte man ihn aber anbraten müssen, achte man darauf, daß er nur glasig bis golden wird, nie braun bis schwarz.

Ein Wort zur Dosierung: Die angegebene Menge Knoblauch in den Rezepten kann immer nur eine Richtlinie sein. Es ist jedem Koch und jeder Köchin überlassen, je nach Geschmack oder Vorliebe mehr oder weniger zu verwenden.

Viel Spaß beim Nachkochen und guten Appetit!

*Hinweis: Soweit nicht anders angegeben,
gelten die Mengenangaben jeweils für 4 Personen.*

Vorspeisen und Salate – mit Knoblauch erst perfekt

Petersiliensalat mit Joghurtsauce

3 Becher Sahnejoghurt
4 EL Zitronensaft
4 EL Olivenöl
3 Knoblauchzehen
Salz · Pfeffer
Kreuzkümmel
3 Bund Petersilie
10 Blättchen Pfefferminze
150 g Frühlingszwiebeln
300 g Salatgurke
1 reife Avocado
400 g Tomaten
8 eingelegte grüne Pfefferschoten

Knoblauch pellen und durch die Presse drücken, zusammen mit dem Joghurt, Zitronensaft und Olivenöl glattrühren, mit Salz, Pfeffer und Kreuzkümmel würzen. Petersilien- und Minzeblättchen grob hacken. Frühlingszwiebeln waschen, putzen, längs halbieren und die zarten und hellgrünen Teile in feine Stücke schneiden. Gurke schälen. Avocado schälen, längs halbieren und den Stein entfernen. Gurke, Avocado und Tomaten in ca. 1 cm große Würfel schneiden. Alle vorbereiteten Gemüse und zwei Drittel der Kräuter mit der Joghurtsauce mischen, abschmecken. Zum Servieren den Salat auf Tellern anrichten, mit jeweils 2 Pfefferschoten belegen und mit den restlichen Kräutern bestreuen.

Lammhackbällchen in Joghurtsauce

(6 Portionen)

4 Scheiben Toastbrot

3 rote Chilischoten · 1 Zwiebel

750 g Hackfleisch vom Lamm

2 Eier · 4 Becher Magermilchjoghurt

Salz · Cayennepfeffer · ¼ l Öl

2 Bund glatte Petersilie

4 Knoblauchzehen

30 g Butter · 200 ml Lammfond

fein abgeriebene Schale einer unbehandelten Zitrone

2 EL Zitronensaft · Pfeffer · Zucker

3 EL Speisestärke

Toastbrot in kaltem Wasser einweichen und ausdrücken. Chilischoten längs halbieren, entkernen und fein würfeln. Zwiebeln schälen, auf der Haushaltsreibe fein raspeln. Hackfleisch mit Toastbrot, Chili, Zwiebeln, Eiern und 3 EL Joghurt verkneten. Herzhaft mit Salz und Cayennepfeffer würzen. Aus der Masse mit angefeuchteten Händen 30 Bällchen formen. Öl in einer großen Pfanne erhitzen, Fleischbällchen hineingeben und ca. 10 Minuten bei mittlerer Hitze rundherum goldbraun braten. Herausnehmen und zwischen zwei Tellern warmhalten. Petersilie hacken. Knoblauch pellen, durch die Presse drücken und in der Butter glasig dünsten, mit Lammfond ablöschen und 10 Minuten einkochen lassen. Übrigen Joghurt mit 70 ml Wasser dazugeben, mit Zitronenschale und -saft, Salz, Pfeffer und einer kräftigen Prise Zucker würzen. Speisestärke mit etwas kaltem Wasser anrühren, in die Sauce geben und 3 Minuten kochen lassen. Sauce mit dem Pürierstab kräftig durchrühren. Zuletzt die Fleischbällchen und die Petersilie zugeben, heiß servieren.

Carpaccio aus Champignons

500 g große Champignons
2 Knoblauchzehen
1 Bund glatte Petersilie
½ TL Kreuzkümmel
Pfeffer · Salz
5 EL Olivenöl · 1 Zitrone

Champignons gut abreiben, in feine Scheiben schneiden. Auf vier Portionsteller verteilen. Knoblauch pellen, fein würfeln, Petersilie und Kreuzkümmel fein hacken, zusammen mit Salz und Pfeffer unter das Öl rühren. Das Öl gleichmäßig über die Champignonscheiben verteilen und 30 Minuten kühl stellen. Zitrone vierteln und auf jeden Teller ein Viertel legen. Zitronensaft kurz vor dem Verzehr und je nach Geschmack über die Champignons geben.

Crostini Caprese

Für 8 Stück:
2 Knoblauchzehen
4 EL Olivenöl
8 Scheiben ital. Brot
150 g Tomaten
150 g Mozzarella
8 Sardellenfilets
16 Basilikumblätter

Zerdrückten Knoblauch mit Öl mischen, die Brotscheiben damit bepinseln. Unterm Grill goldbraun rösten. Tomaten und Käse in Scheiben schneiden. Die Brote mit Tomaten, Sardellen, Basilikum und Käse belegen. Den Käse unterm Grill schmelzen lassen und heiß servieren.

Gemüseburger mit Basilikumcreme

100 g Zucchini
1 Pck. Kartoffelpuffer (z.B. von Pfanni)
4 EL Gemüsemais (aus der Dose)
2 EL Öl
150 g Speisequark
3 EL Crème fraîche
½ Bund Basilikum
Zitronensaft
Salz · Pfeffer
einige Salatblätter
3 Tomaten

Zucchini putzen, waschen und grob raspeln. Kartoffelpufferpulver mit dem Schneebesen in 400 ml kaltes Wasser einrühren. Zucchini und Mais daruntergeben.

Öl in einer beschichteten Pfanne erhitzen, Teig eßlöffelweise in 12 Teilen hineingeben, die Zucchini-Mais-Puffer auf beiden Seiten goldbraun braten. Puffer warmstellen. Den Quark mit der Crème fraîche verrühren, klein gehackte Basilikumblätter dazugeben, mit Zitronensaft, Salz und Pfeffer abschmecken.

Pro Person 3 Puffer mit Salatblättern, Tomatenscheiben und Basilikumcreme zu einem „Burger" aufschichten. Mit Basilikumblättern garniert servieren.

Italienische Vorspeisenplatte

1 rote Paprikaschote
1 gelbe Paprikaschote
100 g Champignons
1 Aubergine
1 Zucchini
2 Knoblauchzehen
6 EL Olivenöl
Salz · Pfeffer
1 TL Kräuter der Provence
75 ml trockener italienischer Weißwein
2 Tomaten
1 Bund Basilikum
300 g Mozzarella
1 Galia-Melone
100 g Parmaschinken
200 g Parmesan (im Stück)

Die Champignons putzen, Paprika, Aubergine und Zucchini waschen, Knoblauch abziehen, alles Gemüse in Scheiben schneiden. 3 EL Olivenöl erhitzen, das Gemüse ca. 5 Minuten darin dünsten, mit Salz, Pfeffer und Kräutern der Provence würzen. Wein angießen, auf Zimmertemperatur abkühlen lassen.

Tomaten und Mozzarella in Scheiben schneiden, mit Basilikumblättern fächerartig auf einer Platte anrichten, mit Salz und Pfeffer würzen und mit restlichem Olivenöl beträufeln. Melone vierteln, Kerne entfernen, Fruchtfleisch von der Schale schneiden und zusammen mit dem Parmaschinken neben den Tomaten mit Mozzarella dekorativ anrichten.

Parmesan vorsichtig in Scheiben schneiden, zusammen mit dem marinierten Gemüse ebenfalls auf der Platte anrichten. Antipasti-Platte serviert man am besten mit Fladenbrot.

Knoblauchbutter

250 g Butter · 8 Knoblauchzehen
1 Bund gehackte Petersilie
2 cl Pernod · Salz · Cayennepfeffer

Knoblauchzehen pellen und sehr fein hacken oder durch die Presse drücken, mit der Butter vermischen. Gehackte Petersilie und Pernod hinzufügen. Mit Salz und Pfeffer nach Belieben abschmecken.

Knoblauchbutter läßt sich auf Vorrat zubereiten und im Kühlschrank oder auch gefroren ebenso aufbewahren wie Butter ohne Knoblauch.

Knoblauchbutter schmeckt als Brotaufstrich, kalt und warm, im Baguette in Folie gebacken, aber auch zu Gemüse, Fisch und Fleisch. Eine besondere Delikatesse ist es, wenn man die Knoblauchbutter zu Folienkartoffeln reicht.

Kartoffel-Knoblauch-Püree

600 g mehlige Kartoffeln
4 Knoblauchzehen
50 g gemahlene Mandeln
⅛ l Olivenöl
Zitronensaft · Essig · Salz · Pfeffer

Kartoffeln mit der Schale kochen, schälen und abkühlen lassen. Knoblauch pellen und zusammen mit den Kartoffeln und den Mandeln mit ca. 60 ml Wasser pürieren. Öl langsam dazugeben, bis ein cremiges Püree entsteht. Mit Zitronensaft, Essig, Salz und Pfeffer je nach Geschmack würzen. Vor dem Servieren 2 Stunden kühlstellen. In eine Schale füllen. Wer mag, kann das „Skordaliá“ noch mit Paprika- und Zwiebelwürfeln garnieren.

Tzatziki

1 Salatgurke · Salz
3 Becher griechischer oder Sahnejoghurt
1 EL Öl · 3 EL Zitronensaft
3 Knoblauchzehen · 1 Bund Dill · 3 Minzeblätter

Knoblauch schälen und durch die Presse drücken. Salatgurke schälen, längs halbieren, entkernen. Auf einer Gemüsereibe raffeln, salzen und stehen lassen. Den Saft weggießen. Durch ein Tuch drücken. Die Dillspitzen abzupfen und die Minze hacken. Gurkenraspel mit Joghurt, Öl, Zitronensaft, durchgepreßtem Knoblauch und Kräutern verrühren. Mit Salz abschmecken.

Tzatziki schmeckt als Dip zu Fleisch und Fisch oder einfach pur auf Fladenbrot.

Provençalische Knoblauchmayonnaise – Aioli

(1 Portion)
2 Knoblauchzehen
1 Eigelb
3 - 4 EL Olivenöl
Salz · Pfeffer aus der Mühle
Zitronensaft zum Abschmecken

Knoblauchzehen schälen und sehr fein hacken oder durch die Presse drücken. Mit dem Eigelb vermischen, etwas Salz hinzufügen, dann das Olivenöl tröpfchenweise unter Rühren dazugeben. Mit Zitronensaft und Pfeffer abschmecken.

Zum klassischen Aioli-Gericht gehört gekochter Kabeljau. Man kann die Aioli aber auch als Dip servieren, mit allerlei Rohkost oder auch zum Fleischfondue als besondere Sauce.

Römischer Salat mit Gemüse

60 g Roquefort
3 Sardellenfilets
4 Knoblauchzehen
4 EL Zitronensaft
1 TL Worcestershiresoße
Salz
weißer Pfeffer
175 ml Sahne
75 ml Milch
4 Eier
200 g grüne Bohnen
1 Römersalat
200 g Tomaten
150 g kleine rosa Champignons
2 EL Olivenöl
100 g Weißbrotscheiben
50 g Parmesan (im Stück)

Roquefort durch ein feines Sieb streichen. Die Sardellen waschen, fein hacken. Knoblauch pressen. Sardellen, die Hälfte des Knoblauchs, Zitronensaft, Worcestershiresoße, Salz, Pfeffer, Sahne und Milch verrühren und den Roquefort untermischen. Eier 7 - 8 Minuten kochen. Bohnen putzen, in Salzwasser ca. 7 Minuten blanchieren, abschrecken, abtropfen lassen.

Salat zerpflücken, waschen, große Blätter halbieren, gut abtropfen lassen. Tomate in dünne Spalten, Champignons in feine Scheiben schneiden. Öl mit restlichem Knoblauch verrühren, damit die Brotscheiben bepinseln. Das Brot in kleine Stücke schneiden, unterm Backofengrill goldbraun rösten.

Salat mit den Bohnen, Tomaten, Champignons, halbierten Eiern und den Croûtons in einer Schale anrichten. Parmesan dünn darüberhobeln, das Dressing dazu servieren.

Griechischer Bauernsalat

3 Tomaten
1 Salatgurke
100 g Schafskäse
1 große Gemüsezwiebel
12 schwarze Oliven
frisch gehackte Gartenkräuter, z.B. Basilikum, Schnittlauch, Minze, Thymian, viel Petersilie
oder 1 Beutel Salatkrönung für klare Kräutersauce (z.B. Knorr)
4 EL Öl
2 Knoblauchzehen
Salz · Pfeffer
1 EL Essig

Tomaten waschen, in Achtel schneiden. Gurke schälen, halbieren und in dicke Scheiben schneiden. Zwiebel schälen, in feine Ringe schneiden. Knoblauch pellen, fein hacken. Aus den Kräutern, dem Öl und dem Essig und den fein gehackten Knoblauchzehen eine Salatsauce rühren. Nach Belieben mit Salz und Pfeffer abschmecken.

Tomatenachtel, Gurkenstücke und Zwiebelringe zusammen in einer weiten Schüssel oder auf einem großen tiefen Teller anrichten, Salatsauce darübergeben. Schafskäse würfeln oder zerbröseln und mit den Oliven auf dem Salat verteilen.

Eingelegte Knoblauchgurken

1 kg Salatgurke
90 g Salz
6 Knoblauchzehen
200 g Schafskäse
1 EL Zucker
300 ml Sherryessig
200 ml Weißweinessig
1 EL Gurkengewürz
1 Beutel Einmachhilfe

Gurken waschen, längs halbieren, Kerne mit einem Löffel herausschaben und die Gurken mit der Schale in ½ cm dicke Stücke schneiden. Mit 2 EL Salz bestreuen und etwa 30 Minuten ziehen lassen. Knoblauch schälen und in dünne Scheiben schneiden.

Schafskäse abtropfen lassen und in Würfel schneiden. Gurken abgießen, den Saft auffangen. Zucker und übriges Salz mit den beiden Essigsorten, dem Abtropfsaft der Gurken, Gurkengewürz und 800 ml Wasser mischen, aufkochen. Gurkenstücke und Knoblauchscheiben einmal darin aufwallen lassen, dann herausnehmen. Gurken und Sud abkühlen lassen.

Gurken mit Knoblauch und Schafskäse in vorbereitete Einmachgläser füllen, Sud nochmals aufkochen, die Einmachhilfe einrühren und den Sud abkühlen lassen. Erkaltet über die Gurken gießen und gut verschließen.

Gut verschlossen sind die Knoblauchgurken bis zu vier Wochen haltbar.

Dazu schmeckt Fladenbrot oder Baguette.

Spinatsalat mit Joghurt

500 g Blattspinat
1 Zwiebel
2 EL Olivenöl · 2 TL Kurkuma
3 Knoblauchzehen
450 g Vollmilchjoghurt
50 g Sauerrahm
Salz · weißer Pfeffer

Spinat putzen, waschen, abtropfen lassen, in 1 cm breite Streifen schneiden. Zwiebel fein würfeln, im Öl andünsten. Kurkuma dazugeben, eine halbe Minute mitdünsten. Spinat dazugeben, mit 100 ml Wasser auffüllen, ca. 5 Minuten kochen lassen, bis der Spinat weich ist. Dann abtropfen und abkühlen lassen. Knoblauch zerdrücken, mit Joghurt und Sauerrahm verrühren. Spinat unter den Joghurt heben, salzen und pfeffern. Schmeckt gut zu gegrillten Lammfilets oder als Dip zu Fladenbrot.

Knoblauchsardinen

(8 Portionen)
2 Dosen Sardinen in Öl
2 kleine Zwiebeln · 2 Knoblauchzehen
½ Bund Petersilie
4 EL Öl · 2 EL Weinessig

Sardinen vorsichtig aus der Dose nehmen, damit sie nicht zerfallen. Abtropfen lassen und auf einer Platte anrichten. Zwiebeln und Knoblauch schälen, Petersilie waschen, Blätter abzupfen. Alles fein hacken, mit Öl und Essig mischen und über die Sardinen geben. Vor dem Servieren im Kühlschrank etwas abgedeckt ziehen lassen.

Kleine Mozzarellakugeln eingelegt

40 Mini-Mozzarellakugeln (300 g)
3 Knoblauchzehen
1 Stück unbehandelte Schale einer Zitrone
½ Bund frischer Thymian · 1 Rosmarinzweig
2 - 3 TL geschroteter Pfeffer
3 EL (Rotwein-)Essig · 250 ml Sonnenblumenöl

Mozzarella gut abtropfen lassen. Knoblauch halbieren. Die Zitronenschale in feine Streifen schneiden. Die Kräuter waschen, trockentupfen. Mozzarellakugeln abwechselnd mit Knoblauch, Zitronenschale, Kräutern und Pfeffer in ein Glas schichten. Essig darüberträufeln. Dann mit Öl auffüllen, bis alle Zutaten ganz bedeckt sind. Das Glas gut verschließen, mindestens 24 Stunden im Kühlschrank ziehen lassen, danach innerhalb einer Woche verbrauchen. Dazu paßt Stangenweißbrot.

Lachs-Tatar

350 g frischer Lachs
2 TL eingelegter grüner Pfeffer
1 Knoblauchzehe · 1 unbehandelte Zitrone
3 EL Sojasoße · 2 EL Olivenöl · 2 TL Meerrettich

Lachs mit einem scharfen Messer in kleine Stücke schneiden. Pfeffer klein hacken. Knoblauch schälen und durch die Presse auf den Lachs drücken. Die Zitrone heiß waschen, abtrocknen und die Schale abreiben. Saft auspressen. Beides mit dem Pfeffer, der Sojasoße und dem Öl zum Fisch geben, gründlich mischen. Tatar zugedeckt mindestens eine Stunde im Kühlschrank ziehen lassen. Vor dem Servieren mit Meerrettich und Sojasoße abschmecken.

Gefüllte Auberginenröllchen

800 g Auberginen
⅛ l Olivenöl · 2 Fleischtomaten
Salz · schwarzer Pfeffer

Für die Füllung:
200 g Sonnenblumenkerne
1 Zwiebel
1 EL Butter
2 Knoblauchzehen
1 Bund Petersilie
400 g Schafskäse
2 Eigelb
Salz · Pfeffer · 1 Msp. Cayennepfeffer

Auberginen waschen, in knapp ½ cm dicke Längsscheiben schneiden. Im heißen Olivenöl von beiden Seiten kurz und kräftig anbraten. Auf Küchenpapier abtropfen lassen, salzen und pfeffern.

Für die Füllung die Hälfte der Sonnenblumenkerne fein mahlen, mit den ganzen Kernen in eine Schüssel geben. Zwiebel fein hacken, in heißer Butter weich dünsten. Knoblauch dazupressen. Petersilie grob hacken. Schafskäse mit einer Gabel zerdrücken, mit Eigelb, Zwiebelmischung und der Hälfte der Petersilie zu den Sonnenblumenkernen geben, mischen und mit Salz, Pfeffer und Cayennepfeffer würzen.

Füllung auf den Auberginenscheiben verteilen, zu Röllchen formen und in eine Auflaufform setzen. Fleischtomaten überbrühen, häuten, Stengelansätze und Kerne entfernen und grob hacken. Um die Röllchen geben, salzen, pfeffern.

Im Ofen bei 200 Grad 30 Minuten garen. Vor dem Servieren mit restlicher Petersilie bestreuen. Dazu Pellkartoffeln und grünen Salat reichen.

Auberginen-Püree

(8 Portionen)

2 große Auberginen

1 Zwiebel

2 Knoblauchzehen

¼ l Öl

Oregano · Salz · Pfeffer

1 EL Zitronensaft

2 EL Weinessig

1 Bund Petersilie

einige Salatblätter

8 schwarze Oliven

Auberginen an jedem Ende etwa 2 cm abschneiden und bei 175 Grad im Backofen in etwa 40 Minuten weich garen, Haut abziehen. Abgekühlte Früchte halbieren, Kerne entfernen, Fleisch grob würfeln. Zwiebel und Knoblauch schälen, Zwiebel würfeln und in etwas Öl andünsten.

Auberginen, Zwiebel, Oregano und geschälten Knoblauch im Mixer pürieren. Langsam Öl zugießen und weiterschlagen, bis ein cremiges Püree entsteht. Mit Salz, Pfeffer, Zitronensaft, Essig und der gehackten Petersilie abschmecken. Abkühlen lassen.

Auf Salatblättern anrichten und mit Oliven garniert als Dip servieren.

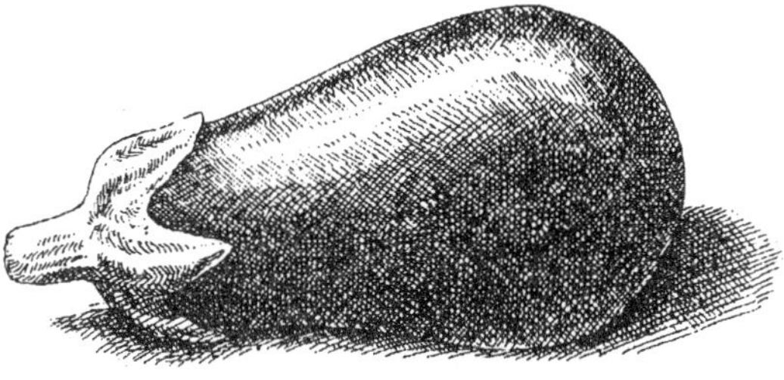

Provençalischer Blattsalat

2 Köpfe Radicchio
1 Kopfsalat
½ Friséesalat
3 Knoblauchzehen
1 Scheibe Toastbrot
4 EL Olivenöl
2 Zweige Portulak
1 EL Kerbel
2 EL Essig
½ TL scharfer Senf
Salz · Pfeffer
12 schwarze Oliven

Die Blattsalate gründlich putzen, waschen und trockenschleudern. Radicchioblätter ganz lassen, Kopfsalat zerpflücken, Friséesalat in mundgerechte Stücke schneiden. Alles in eine Schüssel geben.

Knoblauch pellen, eine Zehe durch die Presse drücken, mit den anderen das Weißbrot kräftig einreiben, dann beides in Würfel schneiden und in 1 EL Olivenöl knusprig rösten.

Portulak und Kerbel abspülen, trockentupfen und fein hacken.

Essig und Senf verrühren, dann das restliche Öl unterrühren, die Kräuter dazugeben und mit Salz und Pfeffer abschmecken. Sauce über den Salat geben, Knoblauchbrotwürfel und Oliven darüber verteilen und servieren.

Rohkostplatte mit Krabben

je 1 rote und 1 grüne Paprika
1 Rettich
1 Bund Radieschen
1 Salatgurke
40 g Brunnenkresse
200 g Krabben
1 kleine Salatgurke für die Sauce
2 Zwiebeln
4 Knoblauchzehen
8 Oliven mit Paprika gefüllt
100 g Magerquark
8 EL Joghurt-Salatcreme
4 TL Kaffeesahne
1 EL Zitronensaft
Salz · Pfeffer
1 Prise Zucker

Salatgurke für die Sauce waschen, putzen und in sehr feine Stifte schneiden. Zwiebeln schälen, fein hacken, Knoblauchzehen pellen und durch die Presse drücken. Oliven fein hacken. Alles zusammen mit dem Quark, der Joghurt-Salatcreme, der Kaffeesahne, dem Zitronensaft und den Gewürzen gut vermischen. Sauce ziehen lassen.

In der Zwischenzeit Paprika waschen, putzen und in mundgerechte Streifen schneiden. Rettich waschen, putzen und sehr fein reiben. Radieschen waschen, putzen und oben kreuzweise einritzen, kurz in kaltes Wasser legen, damit sie zu Rosetten aufgehen. Salatgurke waschen und in dünne Scheiben schneiden. Brunnenkresse waschen. Das vorbereitete Gemüse auf einer ausreichend großen Platte so anrichten, daß es farblich harmoniert. In die Mitte die Brunnenkresse legen und mit Krabben garnieren. Sauce separat zur Rohkostplatte reichen.

Gefülltes Partybrot

2 französische Weißbrote (Baguettes)
200 g Hackfleisch
200 g Frühstücksspeck
2 Zwiebeln
4 Knoblauchzehen
je 1 rote und 1 grüne Paprika
10 gefüllte grüne Oliven
4 Tomaten
1 Bund Petersilie
3 EL Olivenöl
4 EL Tomatenmark oder Ketchup
Salz · Cayennepfeffer

Zwiebeln schälen und möglichst fein hacken. Paprika putzen, würfeln, Oliven in Scheiben schneiden. Öl in einer Pfanne erhitzen, Hackfleisch darin zusammen mit den Zwiebeln, Speck- und Paprikawürfeln und den Olivenscheiben anbraten, bis das Hackfleisch fast gar ist. Knoblauch pellen, durch die Presse drücken, Tomaten überbrühen und würfeln.

Knoblauch, Tomatenwürfel und Ketchup in die Pfanne geben, mit Salz und Cayennepfeffer kräftig abschmecken, zum Schluß die gehackte Petersilie dazugeben. Alle Zutaten gut vermischen. Sollte die Masse zu trocken erscheinen, kann man sie mit einem rohen Ei geschmeidiger machen. Backofen auf 180 Grad vorheizen.

Weißbrot der Länge nach aufschneiden und so gut wie möglich aushöhlen, mit der Fleischmasse füllen. Im Backofen 15 Minuten überbacken. Je nach Belieben kann man das Partybrot noch mit Parmesan bestreuen. Heiß servieren.

Austernpilzsalat

500 g Austernpilze
5 EL Öl
1 Zwiebel
Salz
100 g Feldsalat
2 Köpfe Radicchio
1 Bund gemischte Kräuter
2 Knoblauchzehen
3 EL Essig
Pfeffer

Zwiebel schälen und ganz fein hacken. Austernpilze gründlich putzen, nicht waschen. In einem trockenen Küchentuch abreiben. Größere Pilze halbieren oder vierteln, kleinere ganz lassen. Öl in einer großen Pfanne erhitzen, Pilze darin unter Rühren 10 Minuten anbraten. Nach 5 Minuten Zwiebel hinzufügen, salzen und abkühlen lassen.

In der Zwischenzeit Feldsalat und Radicchioköpfe putzen, waschen und abtropfen lassen. Kräuter abspülen, trockentupfen und fein hacken. Pilze mit den Salatblättern und den Kräutern in einer Schüssel mischen. Knoblauch pellen, durch die Presse über den Salat drücken. Salat mit Essig beträufeln und mit Salz und Pfeffer bestreuen.

Ca. 10 Minuten ziehen lassen, dann sofort servieren.

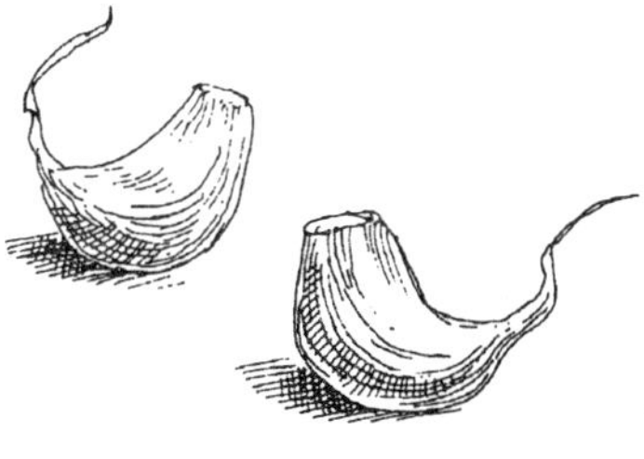

Sprossensalat

2 Knoblauchzehen
100 g Bohnenkeime
100 g Luzernekeime
100 g Linsenkeime
100 g Cashewnüsse
1 große Tomate
4 Frühlingszwiebeln
2 EL Olivenöl
2 EL Croûtons
1 EL Sojasoße
1 EL Zitronensaft
Salz · Pfeffer

Knoblauch pellen, eine Zehe halbieren und eine große Salatschüssel damit ausreiben. Die zweite Knoblauchzehe durch die Presse drücken. Tomate überbrühen, abziehen, fein würfeln, dann zusammen mit den Keimen und den Nüssen in der Schüssel mischen. Für die Salatsauce Öl, Sojasoße, Zitronensaft und die zerdrückte Knoblauchzehe gut verrühren, mit Salz und Pfeffer abschmecken. Sauce erst kurz vor dem Servieren über den Salat geben, mit Croûtons garnieren.

Bunter Paprikasalat

3 grüne Paprikaschoten
2 rote Paprikaschoten
1 Zwiebel
3 Tomaten
150 g gekochter Schinken
4 Eier
8 schwarze Oliven
1 TL Kapern
2 Knoblauchzehen
1 TL scharfer Senf
6 EL Olivenöl
4 EL Essig
1 Prise Zucker
Salz · Pfeffer
2 Spritzer Tabasco
1 Kopfsalat

Paprikaschoten vierteln, Kerne entfernen und gründlich waschen. Abtropfen lassen und in Streifen schneiden. Tomaten überbrühen, häuten, vierteln, entkernen und Stengelansätze entfernen. Zwiebeln schälen, fein hacken.

Schinken in feine Streifen schneiden. Eier hart kochen, schälen, abkühlen lassen, dann in feine Scheiben schneiden. Oliven vierteln. Kapern grob hacken, alles locker miteinander mischen.

Für die Sauce Knoblauch abziehen, durch die Presse drücken, dann mit Senf, Öl, Essig, Zucker, Salz, Pfeffer und Tabasco mischen, abschmecken. Sauce über den Salat geben und ca. 20 Minuten zugedeckt ziehen lassen.

In der Zwischenzeit den Kopfsalat zerpflücken, waschen und gut abtropfen lassen. Kopfsalatblätter in die Schüssel geben und den Salat darauf anrichten.

Englischer Kartoffelsalat

750 g Kartoffeln · 3 Knoblauchzehen
2 Lorbeerblätter · 1 TL Dillsamen · Salz
200 g TK-Shrimps
1 Salatgurke · 4 Tomaten · 2 Schalotten
1 Bund Dill · 1 Bund Schnittlauch
⅛ l Fleischbrühe · 4 EL Essig · 8 EL Öl · 1 EL scharfer Senf
6 EL saure Sahne · etwas Tabasco

Kartoffeln waschen, Knoblauch schälen und halbieren. Kartoffeln mit der Schale zusammen mit Knoblauch, Lorbeerblättern, Dillsamen und 1 EL Salz in einen Topf geben, mit Wasser bedecken und in ca. 20 Minuten weich kochen. Shrimps auftauen lassen, in ein Sieb geben, kalt abspülen und abtropfen lassen. Gurke schälen, halbieren, mit einem Löffel die Kerne herausschaben. Gurkenhälften in Scheiben schneiden. Tomaten waschen, vierteln, Stengelansätze entfernen, in Achtel teilen. Schalotten schälen und fein hacken.

Dill und Schnittlauch abspülen, trockentupfen, fein hacken. Fleischbrühe, Essig, Öl, Senf und Sahne zu einer Sauce verrühren, mit Salz und Tabasco kräftig abschmekken. Kartoffeln abgießen, pellen, noch warm in Scheiben schneiden. Knoblauch in Scheiben schneiden und zur Sauce geben. In einer Schüssel mit der Sauce mischen und abkühlen lassen. Erst dann die übrigen Salatzutaten dazugeben, mindestens 30 Minuten ziehen lassen, dann evtl. nachwürzen.

Spinatrohkost

500 g frischer junger Blattspinat
6 Frühlingszwiebeln
1 Apfel · 2 Eier

2 EL Olivenöl · 1 EL Weinessig
1 EL Zitronensaft · 6 frische Basilikumblätter
2 Knoblauchzehen
4 EL Croûtons · 4 EL Sonnenblumenkerne

Stengel und Mittelrippen der Spinatblätter entfernen. Zwiebeln schälen und fein hacken, Apfel evtl. schälen, Kerngehäuse entfernen und würfeln. Eier hart kochen, schälen und würfeln. Alles in eine Schüssel geben.

Für die Sauce Knoblauchzehen pellen und fein hacken, dann mit Öl, Essig, Zitronensaft und den in feine Streifen geschnittenen Basilikumblättern mischen. Sauce erst kurz vor dem Servieren über den Salat geben, mit Croûtons und Sonnenblumenkernen garnieren.

Kartoffelsalat mit Schinken

500 g festkochende Kartoffeln
2 Knoblauchzehen · 1/8 l Fleischbrühe
2 Bund Radieschen · 3 - 4 Frühlingszwiebeln mit Grün
200 g magerer gekochter Schinken · 1 Gewürzgurke
200 g Joghurt-Salatcreme · 3 EL Gewürzgurkenwasser
Salz · Pfeffer · 1 TL gehackte Petersilie

Kartoffeln waschen, kochen, abkühlen lassen. Knoblauch pellen, durch die Presse drücken. Kartoffeln schälen und in feine Scheiben schneiden, gleich mit der Fleischbrühe übergießen, Knoblauch dazugeben. Radieschen putzen und waschen, in Scheiben schneiden. Frühlingszwiebeln putzen und mitsamt dem Grün in feine Ringe schneiden. Schinken würfeln, Gewürzgurke in Scheiben schneiden, alles mischen und mit Petersilie bestreuen. Salatcreme mit Gewürzgurkenwasser verrühren und über die Kartoffeln geben, gut mischen und mit Salz und Pfeffer abschmecken.

Avocadovorspeise mit mariniertem Rindfleisch

300 g Rinderfilet
abgeriebene Schale einer unbehandelten Zitrone
Saft von 2 Zitronen
Salz · Pfeffer
1 Prise Zucker
4 EL Öl
1 Knoblauchzehe
150 g Feldsalat
1 Avocado
1 EL scharfer Senf

Rinderfilet vom Metzger in hauchdünne Scheiben schneiden lassen. Saft von 1 ½ Zitronen und Zitronenschale mit Salz, Pfeffer, Zucker und Öl verrühren. Knoblauch pellen, durch die Presse drücken, dazugeben.

Fleisch in dieser Marinade zugedeckt ca. 1 Stunde im Kühlschrank ziehen lassen.

Feldsalat putzen, waschen, gut abtropfen lassen. Avocado längs halbieren, den Kern entfernen, die Fruchthälften dünn schälen und quer in Scheiben schneiden, mit dem restlichen Zitronensaft beträufeln. Avocadoscheiben mit dem Feldsalat mischen und in eine Schüssel geben.

Filetscheiben aus der Marinade nehmen, etwas ausdrükken, ebenfalls unter den Salat heben. Marinade mit dem Senf verrühren und über den Salat verteilen.

Nach Belieben mit Zitronenscheiben garnieren und sofort servieren.

Spanischer Artischockensalat

4 Artischockenböden · 4 Eier
4 Knoblauchzehen
1 Kopfsalat
1 kleine Dose Thunfisch
1 Eigelb
1 EL Zitronensaft · 2 EL Olivenöl
Salz · Pfeffer · Zucker

Eier hart kochen, schälen und abkühlen lassen. Kopfsalat putzen und waschen, auf einer flachen Schüssel ausbreiten. Artischockenböden vierteln, auf dem Salat anrichten. Eier in dicke Scheiben schneiden und mit dem Thunfisch auf den Artischocken verteilen.

Knoblauch pellen und durch die Presse drücken. Knoblauch mit dem Eigelb verrühren, das Öl tropfenweise unterrühren, bis eine Mayonnaise entsteht. Mit Zitronensaft, Salz und Pfeffer und einer Prise Zucker abschmecken, über den Salat verteilen und sofort servieren.

Bohnensalat mit Champignons und Walnüssen

500 g Brechbohnen
1 kleine rote Zwiebel
100 g frische Champignons
50 g Walnußkerne
4 EL Weinessig · 4 EL Walnußöl
Salz · Pfeffer · 1 Prise Zucker
2 Knoblauchzehen

Bohnen waschen, putzen, in kleine Stücke brechen und in wenig Salzwasser 20 Minuten dünsten, dann abgießen. Zwiebel fein hacken, mit Salz, Pfeffer, Zucker, Essig und Öl verrühren. Champignons waschen, in dünne Scheiben schneiden, sofort in die Salatsauce hineingeben.

Knoblauchzehen schälen, durch die Presse drücken, Walnußkerne grob hacken und mit dem Knoblauch kurz anrösten. Die Salatsauce über die Bohnen gießen, Walnußkerne unterheben und sofort servieren.

Geschmorter Knoblauch

4 Knoblauchknollen
Olivenöl
Alufolie

Backofen auf 250 Grad vorheizen. Jede Knoblauchknolle mit der Schale mit etwas Olivenöl bestreichen und in Alufolie einpacken. Im Backofen ca. 15 Minuten schmoren. Knoblauch in Zehen teilen und zu Salat, Fleisch oder Fisch nach Belieben reichen.

Nudelsalat mit Pistou

100 g Hörnchennudeln
Salz
150 g (TK-)Erbsen
4 Tomaten · 2 Stangen Staudensellerie
125 g weiße Bohnen
200 g kalter Schweinebraten
½ Bund Basilikum · ½ Bund glatte Petersilie
3 Knoblauchzehen · 2 EL Essig
3 EL geriebener Parmesan · 4 EL Olivenöl

Die Nudeln in reichlich sprudelndem Salzwasser bißfest kochen. Erbsen ebenfalls in etwas Salzwasser nicht zu weich garen. Tomaten überbrühen, abziehen, vierteln, Stengelansätze entfernen, entkernen und in feine Streifen schneiden. Staudensellerie putzen, Blätter abschneiden. Selleriestangen in feine Scheiben schneiden, Blätter abspülen, trocknen und ebenfalls in Streifen schneiden. Alles mit den abgetropften Bohnen mischen.

Fleisch in feine Würfel schneiden und zu dem Salat geben. Basilikum und Petersilie abspülen, trockentupfen und grob hacken. Knoblauchzehen schälen und vierteln. Zusammen mit den Kräutern und ½ TL Salz in einen Mörser geben und zu einer glatten Paste stampfen, nach und nach den Essig, Parmesan und zum Schluß tropfenweise das Öl unterrühren.

Diese dicke Würzpaste, Pistou genannt, über den Salat geben und alles gründlich vermischen. Salat 20 Minuten ziehen lassen, bevor er serviert wird.

Zucchini-Käse-Salat

200 g Zucchini · 200 g Tilsiter
10 EL Öl · 6 EL Essig · 2 Knoblauchzehen
1 Ei · 1 Schalotte
je 1 EL gehackte Petersilie, Schnittlauch und Kresse
1 EL fein gehackte Kapern · 1 EL gewürfelte Cornichons
Salz · Pfeffer · Zucker
8 Radicchio-Blätter

Ei hart kochen, schälen und abkühlen lassen. Schalotte schälen und fein hacken. Zucchini waschen, trockentupfen, in dünne streichholzgroße Streifen schneiden. Tilsiter mit der Gemüseraspel grob raffeln. Für die Sauce Öl und Essig gut verquirlen, Ei fein hacken und zusammen mit den anderen Zutaten unter die Essig-Öl-Mischnung rühren. Mit Salz, Pfeffer und Zucker abschmecken, Knoblauch unterrühren. Zucchini mit den Käsestreifen in eine Schüssel geben, Sauce darübergeben und vorsichtig mischen. Einige Zeit durchziehen lassen. Vier Salatschälchen mit Radicchio-Blättern auslegen und den Salat darauf anrichten.

Pesto

2 Tassen frische Basilikumblätter · 6 Knoblauchzehen
½ TL Salz · ½ TL frisch gemahlener Pfeffer
2 EL fein gehackte Pinienkerne · ⅛ l Öl
50 g frisch gemahlener Parmesan

Basilikum sehr fein hacken. Knoblauch schälen, durch die Presse drücken. Basilikum, Salz, Pfeffer, Knoblauch, Pinienkerne und Öl im Mixer glattrühren. Falls die Masse zu dickflüssig ist, noch etwas Olivenöl dazugeben. Parmesan unterheben. Pesto schmeckt zu Spaghetti, Gnocchi oder zu Fisch.

Brokkolisalat mit Weißweingarnelen

500 g (TK-)Garnelen in der Schale
500 g Brokkoli
Salz · Muskat
1/8 l Weißwein
2 Knoblauchzehen
1 Lorbeerblatt
2 Stengel Thymian
1 unbehandelte Zitrone
1 große Tomate
1/8 l Sahne
1 EL Essig
Worcestershiresoße · Pfeffer

Garnelen in der Schale auftauen lassen. Brokkoli putzen, in Röschen teilen, Stengel schälen und in 3 cm dicke Stücke schneiden. Reichlich Salzwasser mit etwas Muskat sprudelnd aufkochen lassen, Brokkoli darin in ca. 8 Minuten fast weichkochen. In ein Sieb gießen, mit möglichst kaltem Wasser abspülen und abtropfen lassen. Knoblauch schälen, halbieren. Weißwein zusammen mit dem Knoblauch, Lorbeerblatt und Thymian aufkochen. Garnelen hineingeben und 10 Minuten bei mittlerer Hitze darin ziehen, aber nicht kochen lassen.

Zitrone abspülen, abtrocknen und in Schnitze teilen. Tomate waschen, vierteln, entkernen und Stengelansätze herausschneiden. Garnelen abtropfen lassen, aus den Schalen brechen und den schwarzen Darmfaden entfernen. Garnelen und Brokkoli auf einer Servierschale anrichten. Sahne schlagen, mit 1 EL gesiebtem Garnelensud, Essig und der Worcestershiresoße verrühren. Mit Salz und Pfeffer abschmecken, über die Salatzutaten gießen. Mit Zitronen- und Tomatenschnitzen garniert servieren.

Spanischer Kaninchensalat

600 g Kaninchenfleisch mit Knochen
Salz
2 TL Senf
2 Zwiebeln
2 EL Olivenöl
1 grüne Paprikaschote
250 g Tomaten
⅛ l Rotwein
Pfeffer
⅛ TL Rosmarinnadeln
2 Eigelb
1 EL Essig
1/8 l Olivenöl · 4 Knoblauchzehen

Kaninchenfleisch in kleine Stücke schneiden, mit Salz und 1 TL Senf einreiben. Zwiebeln schälen und sehr fein hacken. Olivenöl in einem Schmortopf erhitzen, Kaninchenstücke und Zwiebeln darin anbraten. Paprikaschote halbieren, vom Stengelansatz und von den Kernen befreien und waschen, trockentupfen und in feine Streifen schneiden. Die Tomaten überbrühen, häuten, vierteln, entkernen und Stengelansätze herausschneiden, zum Kaninchenfleisch geben. Rotwein angießen, alles mit Pfeffer kräftig würzen und zugedeckt 20 Minuten schmoren lassen.

Nach 10 Minuten Rosmarin dazugeben. Kaninchenfleisch mit einem Schaumlöffel aus dem Schmorfond nehmen, abkühlen lassen, dann das Fleisch von den Knochen lösen und in kleine Würfel schneiden.

Schmorflüssigkeit durch ein Sieb streichen und abkühlen lassen. Eigelb, den restlichen Senf, einige Tropfen Essig und eine kräftige Prise Salz miteinander verrühren. Tropfenweise das Olivenöl einrühren, so daß eine mayonnaiseähnliche Sauce entsteht. Mit dem restlichen Essig und Salz abschmecken.

Knoblauchzehen schälen, durch die Presse drücken und mit der Eigelbsauce verrühren. Kaninchenfleisch auf einer Platte anrichten, eine Hälfte mit der Knoblauchsauce, die andere mit dem abgekühlten Schmorfond übergießen.

Marinierte Auberginen

2 Auberginen

4 EL Mehl

Salz · Pfeffer

¼ l Öl

1 EL Öl für die Marinade

4 EL Essig

4 EL Wasser

3 Knoblauchzehen

1 Bund Petersilie

Auberginen waschen, trocknen, Stielansatz herausnehmen und die Früchte in 1 cm dicke Scheiben schneiden. Mehl mit Salz und Pfeffer würzen. ¼ l Öl in der Pfanne erhitzen, bis es raucht. Auberginenscheiben jeweils im Mehl wenden, etwas abklopfen, auf beiden Seiten goldgelb ausbacken, mit Küchenkrepp etwas abtupfen und dachziegelartig in eine Auflaufform schichten.

Für die Marinade 1 EL Öl, Essig und Wasser verrühren, mit Salz abschmecken. Knoblauch schälen, durch die Presse drücken, Petersilie fein hacken. Beides dazugeben. Marinade über die Auberginenscheiben gießen und zugedeckt ca. 3 Stunden im Kühlschrank ziehen lassen.

Avocado-Kräuter-Aufstrich

2 Avocados
2 EL Zitronensaft
2 EL Weinbrand
2 EL scharfer Senf
2 Zwiebeln
1 Bund Schnittlauch
1 Bund Petersilie
1 Beet Kresse
2 EL Kapern
2 Cornichons
2 Knoblauchzehen
Salz · Pfeffer
1 Salatblatt

Avocados der Länge nach aufschneiden, den Kern herauslösen. Mit einem Löffel das Fruchtfleisch aus den Schalen lösen, Zitronensaft, Weinbrand und Senf dazugeben und alles zusammen mit einer Gabel zerdrücken. Zwiebeln schälen, sehr fein hacken. Schnittlauch und Petersilie abspülen, trockentupfen und fein hacken.

Kresse abschneiden, abspülen, trockentupfen. Kapern und Cornichons fein hacken. Knoblauch schälen und durch die Presse drücken.

Alle Zutaten mit dem Avocadofleisch gründlich vermengen, mit Salz und Pfeffer abschmecken. Zum Servieren das Salatblatt auf einen Teller legen und den Avocadoaufstrich darauf anrichten. Dazu paßt jede Art von Brot.

Knoblauch-Quiche

250 g Mehl
7 EL Olivenöl
3 EL kaltes Wasser
Salz
250 g Frühstücksspeck in dünnen Scheiben
6 Knoblauchzehen
500 g Tomaten
½ Bund glatte Petersilie
Mehl zum Ausrollen
¼ TL Thymian
125 g Gruyère in Scheiben
3 Eier
¼ l Sahne
½ TL Paprika edelsüß

Backofen auf 200 Grad vorheizen. Mehl, Olivenöl, Wasser und Salz zu einem glatten Teig kneten, zugedeckt im Kühlschrank 45 Minuten ruhen lassen.

Frühstücksspeck in 2 cm breite Streifen schneiden und in einer Pfanne langsam auslassen. Knoblauch schälen und fein hacken, im Speckfett glasig braten. Tomaten überbrühen, abziehen, Stengelansätze herausschneiden und in Scheiben schneiden. Petersilie abspülen, trockentupfen, fein hacken.

Teig auf einer bemehlten Arbeitsfläche rund ausrollen (Durchmesser 32 cm). Eine Quicheform mit 28 cm Durchmesser mit etwas Olivenöl einfetten, Teig hineingeben, Rand nach oben andrücken. Die Hälfte der Tomatenscheiben auf dem Teig verteilen, mit Petersilie und Thymian bestreuen. Darüber die Speckstreifen mit dem Knoblauch verteilen, mit dem Käse und den restlichen Tomatenscheiben abdecken. Eier und Sahne verquirlen, mit Salz und Paprika abschmecken, über die Quiche gießen und im Backofen 40 Minuten backen. Heiß servieren.

Knoblauch als Suppenkrönung

Spanische Brotsuppe

(8 Portionen)

150 g (Holzofen-)Brot

1 Knoblauchknolle

¼ l Olivenöl

½ Blumenkohl

4 Tomaten · 1 Zwiebel

1 Paprikaschote

1 ½ kg Wirsing

1 kg Blattspinat

250 g Brechbohnen

3 Artischocken

250 g Erbsen

1 Brühwürfel

1 TL Paprika edelsüß

1 Bund Petersilie

Salz · Brot nach Belieben

Brot in dünne Scheiben schneiden, in eine große Auflaufform legen, mit etwas Öl beträufeln und beiseitestellen.

Blumenkohl in etwas kochendem Salzwasser bißfest garen. Tomaten überbrühen, schälen, vierteln und entkernen, dann würfeln. Zwiebel schälen und in Scheiben, Paprika waschen, entkernen und in Streifen schneiden. Spinat, Wirsing und Bohnen in Streifen schneiden. Aus den Artischocken die Böden herausnehmen und vierteln.

Das restliche Öl erhitzen, Zwiebelscheiben und die ungeschälte Knoblauchknolle darin anbraten, Tomaten, Wirsing, Bohnen, Artischocken, Erbsen und Spinat hinzufügen und gut durchschmoren. Mit 1 l Wasser ablöschen, aufkochen und bei kleiner Hitze 30 Minuten köcheln lassen. Knoblauchknolle herausnehmen, Paprika und in Röschen geteilten Blumenkohl dazugeben, 10 Minuten mitkochen.

Gemüse mit einer Schaumkelle herausnehmen und auf dem Brot verteilen. In der verbleibenden Flüssigkeit den

Brühwürfel auflösen, mit Paprikapulver und Salz würzen, gehackte Petersilie hinzufügen, dann alles über das Gemüse verteilen. Im auf 200 Grad vorgeheizten Backofen etwa 25 Minuten ziehen lassen. Die geschmorte Knoblauchknolle zerteilen, aus der Schale auf Brotscheiben drücken, verstreichen und zur Suppe servieren.

Knoblauchcremesuppe

8 - 10 Knoblauchzehen
2 Zwiebeln
3 EL Butter
1 l heiße Brühe
2 Tomaten
2 Scheiben Toastbrot
Salz · Pfeffer
½ Bund Schnittlauch
3 EL Weißwein
1 Eigelb · 150 g Sahne

Knoblauch und Zwiebeln schälen, fein würfeln. 2 EL Butter in einem Topf schmelzen, Zwiebeln und Knoblauch darin andünsten, mit Brühe aufgießen, 20 Minuten leise köcheln. Tomaten überbrühen, abziehen, halbieren, entkernen, würfeln. Brot ebenfalls würfeln.

Schnittlauch in Röllchen schneiden. Suppe mit Wein, Salz und Pfeffer abschmecken. Eigelb mit etwas Sahne verquirlen, unter die heiße Suppe schlagen. Restliche Sahne dazugießen. Brotwürfel im restlichen heißen Fett rösten.

Suppe mit Brot- und Tomatenwürfeln und dem Schnittlauch bestreuen und servieren.

Tomatensuppe mit Miniravioli

1 Pck. Miniravioli · Salz
1 Fenchelknolle
3 Knoblauchzehen · 1 Gemüsezwiebel
2 EL Olivenöl · 1 l Tomatensaft (z.B. von Granini)
1 TL Zucker · Pfeffer ·
1 Pck. italienische Kräuter (TK)

Miniravioli nach Packungsanweisung in Salzwasser garen. Fenchelknolle putzen, den harten Strunk entfernen. Knoblauchzehen fein hacken, Gemüsezwiebel und Fenchel in Streifen schneiden. Knoblauch im Öl andünsten, restliches Gemüse dazugeben, kurz anschwitzen. Mit Tomatensaft ablöschen, im geschlossenen Topf ca. 10 Minuten garen. Abgetropfte Ravioli dazugeben, 5 Minuten weiterkochen. Mit Zucker, Salz und Pfeffer abschmecken und mit Kräutern bestreut servieren.

Spinatcremesuppe

2 Knoblauchzehen
1 Zwiebel
40 g Butter
½ l Wasser · ¼ l Milch
450 g TK-Spinat
½ Brühwürfel
3 EL Soßenbinder hell
1 EL Crème fraîche
Muskat

Knoblauch und Zwiebel schälen und fein hacken. Butter in einem Topf erhitzen, beides darin anbraten, Milch und Wasser zugießen, kurz aufkochen lassen. Spinat und Brühwürfel hineingeben. Bei schwacher Hitze den Spinat langsam in der Suppe auftauen, dann aufkochen lassen. Soßenbinder mit etwas Wasser glattrühren und dazugeben. Crème fraîche unterziehen, mit frisch geriebener Muskatnuß abschmecken und servieren.

Gemüsesuppe „Toscana“

(6 - 8 Portionen)

200 g Zwiebeln · 5 Knoblauchzehen

175 g Staudensellerie · 175 g Möhren

350 g Weißkohl

300 g frische Steinpilze (oder Champignons)

5 El Olivenöl

Salz · Pfeffer

500 g kleine Tomaten · 3 EL Tomatenmark

450 g italienisches Weißbrot

je 2 Stiele Basilikum, Petersilie und Salbei

100 g frisch geriebener Parmesan

Zwiebeln fein würfeln, Knoblauch zerdrücken. Staudensellerie, Möhren und Steinpilze in ½ cm dicke Scheiben, Weißkohl in 2 cm große Stücke schneiden. Zwiebeln, Knoblauch, Sellerie, Möhren und Weißkohl in 4 El Olivenöl leicht anbräunen. Mit 1 l Wasser auffüllen, salzen und pfeffern und 15 Minuten leise kochen. Tomaten überbrühen, enthäuten und halbieren.

Nach Ende der Garzeit das Tomatenmark in das Gemüse rühren, Tomatenstücke und Steinpilze dazugeben, weitere 5 Minuten kochen. Das Brot in 12 Scheiben schneiden, unterm Grill goldbraun rösten. Brotscheiben in einer Schüssel verteilen. Basilikum, Petersilie und Salbei fein hacken, unter die Suppe mischen. Auf die Brotscheiben in die Schüssel füllen. Mit Parmesan und Olivenöl zum Beträufeln servieren.

Gazpacho

1 grüne Gurke
3 Knoblauchzehen
1 Zwiebel · 350 g Tomaten
½ rote Paprikaschote
½ grüne Paprikaschote
200 g Weißbrotwürfel (ohne Rinde)
1 EL Tomatenmark
2 EL Olivenöl
1 EL Essig · Salz

Für die Beilagen:
80 g Weißbrotwürfel (ohne Rinde)
30 g Butter
je ½ rote und grüne Paprikaschote gewürfelt
200 g grüne Gurke gewürfelt · 120 g Zwiebel gewürfelt

Für die Knoblauchmayonnaise:
4 Knoblauchzehen
1 Eigelb
½ TL Salz · 1 Msp. Pfeffer
⅛ l Olivenöl · Zitronensaft

Gurke, Zwiebel und Knoblauchzehen schälen, Tomaten überbrühen und häuten. Von Gurke und Tomaten Kerne entfernen. Paprika waschen, putzen, weiße Teile und Kerne entfernen. Gemüse mit den Weißbrotwürfeln pürieren.

Sollte die Suppe zu dickflüssig erscheinen, kann man sie mit Gemüse- oder Fleischbrühe verdünnen.

Mit einem Schneebesen Tomatenmark, Öl, Essig und Salz unterrühren. Suppe bis zum Servieren in den Kühlschrank stellen.

Für die Knoblauchmayonnaise den Knoblauch schälen und durch die Presse drücken. Mit Eigelb, Salz und Pfeffer verrühren. Das Öl tropfenweise einrühren, zum Schluß mit Zitronensaft abschmecken.

Für die Beilagen: Die Weißbrotwürfel in heißer Butter knusprig braun rösten. Die einzelnen Beilagen jeweils in einem Schälchen zur Suppe reichen.

Beilagen und Knoblauchmayonnaise zur gut abgekühlten Suppe reichen.

Basilikumsuppe mit Gemüse

250 g weiße Bohnenkerne · 500 g grüne Bohnen
500 g Kartoffeln · 250 g Zwiebeln
50 g Olivenöl
1,5 l heiße Gemüsebrühe
4 Tomaten
Meersalz · schwarzer Pfeffer · körnige Hefewürze
4 Knoblauchzehen
1 TL getr. Basilikum · 1 Bund Basilikum

Bohnenkerne über Nacht einweichen. Grüne Bohnen vorbereiten, 2 - 3mal durchbrechen, Kartoffeln und Zwiebeln schälen und würfeln. Bohnenkerne, grüne Bohnen, Kartoffeln und Zwiebeln im Olivenöl andünsten. Mit der Brühe aufgießen, ca. 50 - 60 Minuten garen.

Kurz vor Ende der Garzeit Tomaten enthäuten und zugeben, einige Minuten mitgaren. Mit den Gewürzen und zerdrücktem Knoblauch abschmecken, mit grob geschnittenem Basilikum garnieren.

Borschtsch

500 g Rindfleisch
500 g rote Bete
½ Sellerieknolle · 1 Petersilienwurzel
2 Zwiebeln
250 g weiße Rüben · 250 g Weißkraut
1 Stange Lauch · 3 Möhren
3 Kartoffeln
200 g Räucherspeck
2 geräucherte Würstchen
3 Knoblauchzehen
3 EL Essig
½ Becher saure Sahne
Salz · Pfeffer

Rindfleisch kalt abwaschen. Sellerie, Petersilienwurzel und Möhren putzen. Möhren in dicke Scheiben schneiden. In einem großen Topf mit ca. 1½ l Wasser das Rindfleisch zusammen mit dem geputzten Gemüse zum Kochen bringen, 30 Minuten köcheln lassen.

In der Zwischenzeit rote Bete schälen, bis auf eine würfeln und ca. 1 Stunde mitkochen. Die letzte rote Bete in dünne Scheiben schneiden, mit Essig beträufeln und ziehen lassen.

Kartoffeln, Lauch, Zwiebeln und weiße Rüben putzen, würfeln und mitkochen. Weißkohl putzen und kleinschneiden, ebenfalls in die Suppe geben. Speck ebenfalls würfeln, Würstchen in Scheiben schneiden und in die Suppe geben.

Insgesamt sollte der Borschtsch ca. 2 Stunden kochen. Kurz vor Ende der Garzeit den Saft der mit Essig beträufelten roten Bete zugeben, damit der Eintopf eine schöne rote Farbe erhält. Mit Salz und Pfeffer abschmecken und zum Schluß die saure Sahne unterheben. Knoblauch schälen, durch die Presse in die Suppe drücken und noch kurz mitziehen lassen.

Zucchinicremesuppe

1 kg Zucchini

4 Knoblauchzehen

1 Zwiebel

100 g durchwachsener geräucherter Speck

4 EL Olivenöl

1 l Fleischbrühe

Salz · Pfeffer

⅛ l Schlagsahne

4 Scheiben Toastbrot

2 EL ÖL

Muskat

2 EL gehackter Kerbel

Zwiebel schälen und fein würfeln, Speck ebenfalls würfeln. Knoblauch schälen und durch die Presse drücken. Zucchini putzen, waschen, 750 g würfeln, den Rest in Scheiben schneiden. Zwiebel und Speck in erhitztem Öl andünsten, Zucchiniwürfel und Knoblauch dazugeben, mitdünsten. Brühe dazugießen und 15 Minuten köcheln lassen.

Mit dem Pürierstab zerkleinern, würzen und die Sahne dazugießen. Zucchinischeiben zufügen und weitere 10 Minuten köcheln lassen. Toastbrot in Würfel schneiden und im heißen Öl goldbraun braten. Die Suppe mit Muskat abschmecken, mit Kerbel garniert servieren. Brotwürfel separat dazu reichen.

Ungarische Gulaschsuppe

500 g Rindfleisch ohne Knochen
20 g Butterschmalz
2 Zwiebeln
3 Knoblauchzehen
1 TL Paprika edelsüß
½ TL Paprika rosenscharf
¾ l heiße Fleischbrühe
½ l heißes Wasser
½ TL Kümmel gemahlen
½ TL Majoran zerrieben
1 rote Peperoni aus dem. Glas
150 g Kartoffeln
1 Möhre
2 rote Paprikaschoten
3 Tomaten
4 EL saure Sahne

Rindfleisch kalt abspülen, abtrocknen und in 2 cm große Würfel schneiden. Butterschmalz in einem Topf erhitzen. Rindfleischwürfel darin rundherum 10 Minuten stark anbraten. Zwiebeln und Knoblauch schälen und würfeln, in den Topf geben, 5 Minuten mitbräunen.

Topf vom Herd nehmen. Beide Paprikasorten darüberstreuen, noch einmal kurz braten. Fleischbrühe und Wasser angießen, Kümmel und Majoran dazugeben. Zugedeckt bei schwacher Hitze 45 Minuten kochen lassen.

Peperoni entkernen, klein schneiden. Kartoffeln und Möhre schälen und in Würfel schneiden. Paprikaschoten waschen, weiße Teile und Kerne entfernen und ebenfalls würfeln. Tomaten überbrühen, schälen, Stielansätze und Kerne entfernen, würfeln. Alles in den Topf geben, 25 Minuten bei geringer Hitzezufuhr kochen lassen. Vom Herd nehmen, Sahne unterrühren, abschmecken, sofort servieren.

Französische Zwiebelsuppe

300 g Zwiebeln
2 Knoblauchzehen
40 g Butterschmalz
20 g Mehl
1 ¼ l heiße Fleischbrühe
Salz · Pfeffer
4 Scheiben Weißbrot
100 g Hartkäse gerieben

Zwiebeln schälen und in Ringe schneiden. Knoblauch pellen und fein würfeln. Butterschmalz in einem Topf erhitzen, Zwiebeln und Knoblauch darin hellgelb rösten. Mit Mehl bestäuben. Unter Rühren ca. 5 Minuten anschwitzen, mit der heißen Fleischbrühe aufgießen. Umrühren und etwa 20 Minuten bei geringer Wärmezufuhr kochen lassen. Mit Salz und Pfeffer abschmecken.

Rinde von den Weißbrotscheiben entfernen, Brot toasten. Feuerfeste Suppentassen mit Suppe füllen, Toast daraufgeben und mit Käse bestreuen. Im auf 200 Grad vorgeheizten Backofen auf der oberen Schiene gratinieren, bis der Käse goldbraun leuchtet. Suppe sehr heiß servieren.

Minestrone

2 Zwiebeln
2 Stangen Lauch
¼ Sellerieknolle
4 Möhren
5 weiße Rüben
¼ Wirsing
6 Tomaten
3 Kartoffeln
30 g Speck
2 EL Olivenöl
1 ½ l heiße Fleischbrühe
Salz
Pfeffer
2 Knoblauchzehen
¼ l Wasser
40 g Makkaroni
40 g Reis
½ Bund Petersilie
50 g Parmesan gerieben

Zwiebeln schälen und würfeln, Lauch, Sellerie, Möhren, weiße Rüben und Wirsing putzen und in feine Streifen schneiden. Tomaten überbrühen, abziehen, Stengelansätze und Kerne entfernen, würfeln. Kartoffeln schälen und würfeln, Speck ebenfalls würfeln.

Olivenöl in einem Topf erhitzen, Speckwürfel darin glasig braten. Gemüse bis auf die Kartoffeln und die Tomaten dazugeben. 5 Minuten unter Rühren anbraten, mit Fleischbrühe auffüllen und mit Salz und Pfeffer abschmecken. Den Knoblauch schälen und durch die Presse drücken, in die Suppe geben. 40 Minuten bei mittlerer Hitze kochen lassen.

In einem weiteren Topf Wasser mit etwas Salz zum Kochen bringen, Makkaroni darin in ca. 10 Minuten bißfest garen. In ein Sieb geben, kalt abbrausen und abkühlen lassen. Reis gut waschen, 20 Minuten vor Ende der Garzeit den Reis und die Kartoffelwürfel in die Suppe geben.

Erst 5 Minuten vor Ende der Garzeit Tomatenwürfel und Makkaroni dazugeben. Petersilie fein hacken, über die Suppe streuen und sofort servieren. Parmesan separat dazu reichen.

Französische Knoblauchsuppe

12 Knoblauchzehen

1 l Wasser

1 Prise getrockneter Salbei

2 Nelken

Salz · Pfeffer

2 Scheiben Baguette

2 EL Gruyère

2 EL Olivenöl

Knoblauchzehen schälen und in feine Stiftchen schneiden, dann in 1 l Wasser zusammen mit den Gewürzen 20 Minuten kochen. Die Brotscheiben in eine Suppenterrine legen, den Käse darüberstreuen und das Öl darübergießen. Zum Schluß die Suppe möglichst heiß vorsichtig daraufgießen, damit der Käse schmilzt. Möglichst rasch servieren.

Diese Suppe eignet sich hervorragend als Auftakt zu einem Hammel- oder Gänsebraten – natürlich mit Knoblauch.

Bouillabaisse

250 g Kochfisch
1 Möhre · 1 Stück Sellerie
½ Petersilienwurzel · 1 Stange Lauch
Salz
1 l Wasser
1 Lorbeerblatt · 3 Pfefferkörner
4 Gewürzkörner · 1 Zwiebel
300 g Flußaal
500 g Seezunge
400 g Goldbarsch
350 g Merlan
Saft einer Zitrone
6 Schalotten
1 Msp. Safran
1 l Wasser
500 g TK-Scampi
6 EL Olivenöl
4 cl Cognac
2 Zwiebeln
1 Fenchelknolle · 2 Stangen Lauch
4 Tomaten
4 Knoblauchzehen
½ TL Thymian ·1 Lorbeerblatt
1 TL Fenchelsamen
500 g Miesmuscheln
¼ TL Pfeffer
2 cl Pernod oder Ricard
1 Bund Petersilie

Kochfisch putzen, evtl. waschen und mit etwas Zitrone beträufeln. Möhre, Sellerie und Petersilienwurzel putzen, würfeln, Zwiebel schälen, Zwiebel und Lauch in feine Ringe schneiden. Wasser mit Salz in einen Topf geben, Kochfisch, gewürfeltes Gemüse, Lorbeerblatt, Pfeffer- und Gewürzkörner dazugeben. 25 Minuten schwach köcheln lassen, durch ein Sieb geben.

Aal, Seezunge, Goldbarsch und Merlan ausnehmen, säubern, mit Zitronensaft beträufelt stehen lassen. Große Fischteile in Stücke schneiden.

Schalotten putzen, fein würfeln. Wasser mit wenig Salz in einen Topf geben und den Fisch darin zusammen mit den Schalottenwürfeln und dem Safran bei leichter Hitze etwa 25 Minuten ziehen lassen.

Olivenöl in einem hohen Topf erhitzen, die aufgetauten Scampi darin 5 Minuten anbraten, mit Cognac übergießen und flambieren.

Zwiebeln schälen und in feine Ringe schneiden, Fenchelknolle putzen und in feine Streifen schneiden, weiße Teile des Lauchs ebenfalls in Ringe schneiden, Tomaten überbrühen, häuten, Stielansätze entfernen, entkernen und würfeln. Alles zusammen über die Scampi geben, gut umrühren. Knoblauch schälen, durch die Presse drücken und zusammen mit Thymian, Lorbeerblatt und Fenchelsamen zu den Scampi geben, 10 Minuten weiterdünsten.

Muscheln unter fließendem Wasser säubern und nur die fest geschlossenen weiterverwenden. Jetzt der Reihe nach erst die durchgesiebte Fischbrühe über die Scampi gießen, dann die Muscheln dazugeben. Mit Salz und Pfeffer abschmecken, Fisch hinzufügen, weitere 20 Minuten sieden lassen.

Mit dem Schaumlöffel Fisch aus der Suppe nehmen und in einer vorgewärmten Schüssel warm halten. Von den Muscheln je eine Schalenhälfte abbrechen und die Muscheln entbarten.

Brühe durch ein Sieb geben, mit Pernod oder Ricard abschmecken, dann zurück über den Fisch gießen und mit Petersilie garnieren. Baguette dazu reichen.

Der Franzose ißt übrigens erst die Brühe, danach den Fisch mit Fischbesteck.

Erbsencremesuppe mit Austernpilzen

1 l Hühnerbrühe
6 Knoblauchzehen
2 Schalotten
2 EL Butter
500 g Erbsen
150 g Crème fraîche
Salz · Selleriesalz · Pfeffer
250 g Austernpilze
2 EL Butterschmalz
3 Zweige frische Minze
Zitronensaft · Worcestershiresoße

Schalotten schälen, fein hacken und in einem Topf mit heißer Butter andünsten, Erbsen hinzufügen, mit Hühnerbrühe aufgießen und Crème fraîche unterrühren. 25 Minuten bei geringer Wärmezufuhr kochen.

Suppe im Mixer oder mit dem Pürierstab pürieren, mit Salz, Selleriesalz und Pfeffer würzen. Austernpilze putzen, Strunk abschneiden und in schmale Streifen schneiden, in heißem Butterschmalz braten. Knoblauch schälen, durch die Presse drücken und auf die Pilze geben. Minze abbrausen, von den Stengeln zupfen. Suppe nochmals aufkochen lassen und mit Zitronensaft und Worcestershiresoße abschmecken.

Auf vier Suppentellern verteilen und mit Pilzen und Minze anrichten.

Kalte Tomatensuppe mit Knoblauch

(6 Portionen)

1 rote Chilischote

150 g Zwiebeln

8 Knoblauchzehen

1 kg Tomaten

110 ml Olivenöl

1 l heiße Gemüsebrühe

Salz

Cayennepfeffer

12 dicke Scheiben Baguette

50 g Tapenade (schwarze Olivenpaste)

Chilischote längs halbieren, entkernen, fein würfeln. Zwiebeln schälen, ebenfalls fein würfeln. Knoblauch pellen, 2 Zehen durch die Presse drücken, die restlichen Zehen in feine Scheiben schneiden, abgedeckt kühl stellen. Tomaten waschen, grob würfeln. 2 EL Olivenöl in einem hohen Topf erhitzen, Zwiebeln, Chili und den gepreßten Knoblauch darin andünsten. Tomatenwürfel dazugeben, mit Gemüsebrühe aufgießen. 45 Minuten bei geringer Wärmezufuhr kochen.

Suppe durch ein Sieb passieren, mit Salz und Cayennepfeffer würzen, abkühlen lassen. Kurz vor dem Servieren die Knoblauchscheiben in 3 EL heißem Öl goldbraun ausbacken, Brotscheiben mit dem restlichen Öl bepinseln, unter dem Grill goldbraun rösten.

Suppe auf Tellern servieren, mit Knoblauchscheiben garnieren. Brotscheiben mit Tapenade bestreichen und dazureichen.

Fisch und Schalentiere mit Knoblauch

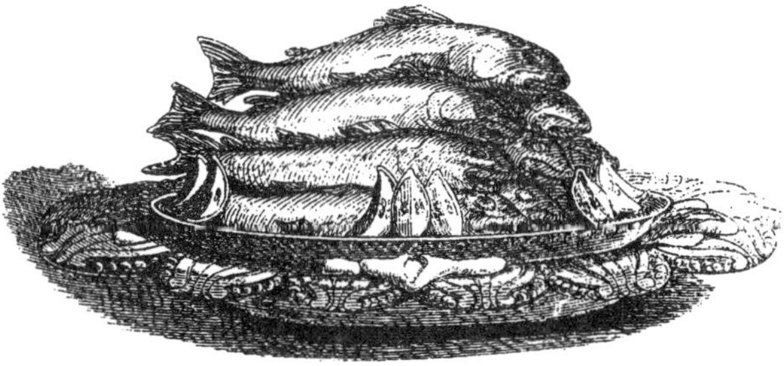

Gebratene Schwertfischrouladen

4 dünne Schwertfischfilets
Salz
1 Zwiebel
3 Knoblauchzehen
4 Zweige Thymian
½ Bund glatte Petersilie
5 EL Olivenöl
3 EL Paniermehl
2 EL Kapern
Pfeffer
50 g Provolone

Für die Sauce:
1 Zitrone
½ Bund glatte Petersilie · 2 Zweige Oregano
Salz · Zucker
60 ml Olivenöl
Pfeffer

Fisch waschen, trockentupfen, leicht salzen, kalt stellen. Zwiebel und Knoblauch schälen, fein hacken. Thymian- und Petersilienblätter abzupfen, waschen, dann bis auf 1 TL Thymian fein hacken. 2 EL Öl erhitzen, Zwiebel und Knoblauch darin anschwitzen, Paniermehl ebenfalls darin anrösten. Mit Kräutern und Kapern mischen. Salzen, pfeffern.

Käse in Scheibchen schneiden, Fischscheiben mit Bröselmischung bestreuen, Käse darauflegen, aufrollen. Röllchen mit Holzstäbchen feststecken. Pfanne mit etwas Olivenöl auspinseln, erhitzen, Röllchen hineinlegen und etwas Öl darüberträufeln. Bei sanfter Hitze rundherum ca. 7 Minuten braten.

Für die Sauce Zitrone auspressen. Petersilie und Oregano fein hacken. Etwas Salz und eine Prise Zucker in 50 ml lauwarmem Wasser auflösen. Olivenöl in eine kleine Schüssel gießen, ins warme Wasserbad stellen. Unter kräftigem Schlagen mit dem Schneebesen das Wasser und den Zitronensaft langsam zugießen. Mit Pfeffer abschmecken. Oregano und Petersilie unterrühren und zu den Fischröllchen servieren.

Risotto mit Lachs

2 kleine Zwiebeln

2 Knoblauchzehen

4 EL Olivenöl

250 g Rundkorn- oder Arborio-Reis

2 Salbeiblätter · Oregano

6 EL trockener Weißwein

150 g milder Blauschimmelkäse

650 ml heiße Hühnerbrühe

600 g Lachsfilet

Salz · Pfeffer

2 EL Zitronensaft

2 EL Butter · etwas Dill

Zwiebeln und Knoblauch schälen, fein würfeln und in 1 EL Öl andünsten. Reis, Salbeiblättchen und etwas Oregano zufügen, Reis glasig dünsten, dann Wein zugießen. Käse kleinschneiden, etwa ein Drittel davon unterrühren.

Reis bei sanfter Hitze offen etwa 30 Minuten garen. Immer wenn die Flüssigkeit vom Reis aufgesogen ist, etwas Brühe dazugießen. Immer gut durchrühren.

In der Zwischenzeit den Lachs waschen, trockentupfen, in schmale Stücke schneiden. Salzen, pfeffern, mit Zitronensaft und etwas Olivenöl beträufeln. Lachs unter dem Grill 3 - 4 Minuten grillen.

Restlichen Käse und Butter unter das Risotto ziehen, Lachs dazugeben. Nach Belieben mit Dill dekorieren und sofort servieren.

Garnelen in Knoblauch und Öl

12 Riesengarnelen
4 Knoblauchzehen
4 EL Olivenöl
Salz
Pfeffer
1 EL Zitronensaft
1 Zitrone
½ Bund Petersilie

Kopf, Darm und Schale von den Garnelen entfernen, waschen, trockentupfen. Knoblauchzehen pellen, halbieren und in heißem Öl goldbraun braten, aus der Pfanne nehmen. Garnelen salzen, pfeffern. 4 Minuten im heißen Öl braten, herausnehmen. 1 EL Zitronensaft in das Öl rühren, Garnelen damit beträufeln. Petersilie hacken, Zitrone in Scheiben schneiden, Garnelen damit garniert servieren.

Krabben-Reispfanne

250 g (Natur-)Reis
4 EL Butter
400 g Krabben
3 Knoblauchzehen
abgeriebene Schale einer halben unbehandelten Zitrone
Salz · Pfeffer · 1 Kressebeet

Reis garen. Krabben in der Butter andünsten. Knoblauchzehen pellen und durch die Presse drücken, unter den Reis mischen, in die Pfanne geben. Alles unter Rühren erhitzen, mit abgeriebener Zitronenschale, Salz und Pfeffer würzen. Kresse vom Beet schneiden, über die Krabben-Reispfanne streuen, mit Zitronenscheiben garniert servieren.

Tandoori-Garnelen

2 Limetten

20 Riesengarnelen (ungekocht, ohne Kopf und Schale)

500 g Sahnejoghurt

2 gestr. EL Tandoori-Paste (indische Würzpaste)

1 rote Chilischote · 2 Knoblauchzehen

½ TL Koriander · ½ TL Piment

300 g Salatgurke

400 g Tomaten

Salz · Pfeffer

6 EL Öl

1 Bund Koriandergrün

Eine Limette auspressen. Garnelen entdarmen, kalt abwaschen, trockentupfen und mit 3 EL Limettensaft beträufeln. 150 g Joghurt mit der Tandoori-Paste verrühren, mit den Garnelen mischen und 4 - 5 Stunden zugedeckt an einem kühlen Ort durchziehen lassen.

Chilischote halbieren und entkernen, Fruchtfleisch sehr fein würfeln. Knoblauch schälen und durch die Presse drücken. Restlichen Joghurt mit dem restlichen Limettensaft, Chiliwürfeln und Knoblauch verrühren und mit Salz, gemahlenem Koriander und Piment würzen. Die Sauce kalt stellen.

Kurz vor dem Servieren den Backofen auf 180 Grad vorheizen, Gurke und Tomaten waschen und in dünne Scheiben schneiden, salzen und pfeffern. Die zweite Limette längs achteln. Garnelen aus der Marinade nehmen und in heißem Öl bei starker Hitze in drei Portionen auf jeder Seite 1 Minute anbraten. Dann auf die Saftpfanne legen und auf der 2. Einschubleiste von unten in 6 Minuten fertiggaren.

Gurken- und Tomatenscheiben mit der Joghurtsauce und den Limettenachteln auf Tellern anrichten. Die Garnelen darauf verteilen, mit Koriandergrün garnieren, sofort servieren.

Steinbeißer auf Blattspinat mit Zitronensauce

750 g Blattspinat
Salz
70 g Butter
Muskat
2 Knoblauchzehen
1 unbehandelte Zitrone
⅛ l Weißwein
Pfeffer
250 g Steinbeißerfilet
3 Scheiben Toast
3 Eigelb
etwas Mehl
40 g Butterschmalz

Spinat putzen, harte Stiele entfernen, gründlich waschen und in wenig kochendem Salzwasser kurz blanchieren. Blätter abtropfen und leicht abkühlen lassen, gut ausdrücken und auseinander zupfen.

20 g weiche Butter in einem flachen Topf zerlassen. Spinat darin offen dünsten, bis die Flüssigkeit verdampft ist. Spinat mit Muskatnuß würzen.

Für die Sauce Knoblauch pellen und in feine Scheiben schneiden. Zitronenschale dünn abschälen und in hauchdünne Streifchen schneiden. 1 - 2 TL Zitronensaft auspressen. Knoblauch und Zitronenschale in 20 g weicher Butter andünsten, Wein und 100 ml Wasser zugießen, ohne Deckel auf ca. ⅛ l einkochen lassen, pfeffern.

Inzwischen den Fisch schräg in 12 Scheiben schneiden, leicht salzen.

Von dem Toastbrot die Rinde abschneiden, dann nicht zu fein zerkleinern. Eigelb verquirlen und salzen. Fisch sparsam mit Mehl bestäuben, die Scheiben erst durch das

Eigelb ziehen und dann mit Brotkrumen panieren. Butterschmalz erhitzen, panierte Fischscheiben darin von jeder Seite 2 Minuten goldgelb braten, auf Küchenkrepp abtropfen lassen.

Die restliche Butter (möglichst kalt) in Stückchen unter den sprudelnd kochenden Saucenfond rühren, leicht schlagen, mit Zitronensaft abschmecken. Spinat auf vorgewärmten Tellern anrichten, mit der Sauce beträufeln, den Fisch darauf anrichten und sofort servieren.

Scharfe Garnelen auf Brunnenkresse

2 Beete Brunnenkresse
20 g rote Chilischote
4 Knoblauchzehen
25 Riesengarnelen (ohne Kopf und Schale)
150 ml Olivenöl · Cayennepfeffer
75 ml Gemüsefond · 2 EL Zitronensaft
Salz

Die Blättchen der Brunnenkresse von den Stielen zupfen, waschen und trockenschleudern. Chilischoten halbieren, entkernen und fein würfeln. Knoblauch pellen, fein hacken. Riesengarnelen der Länge nach durchschneiden, entdarmen. Öl in einer großen Pfanne erhitzen, Garnelen darin nach und nach unter Wenden 2 Minuten braten und zwischendurch mit wenig Cayennepfeffer würzen.

Garnelen mit einer Schaumkelle aus der Pfanne nehmen, zugedeckt warmhalten. Chili und Knoblauch im Bratöl andünsten, mit Gemüsefond und Zitronensaft ablöschen. Garnelen mit der Brunnenkresse in die Pfanne geben, salzen und unter Wenden erwärmen. Garnelen in einer flachen Schüssel servieren.

Paëlla

600 g Fleischtomaten
2 rote Zwiebeln
4 Knoblauchzehen
250 g Schweinelende
250 g Seelachs
100 g Tintenfischringe
250 g Riesengarnelen
200 g Möhren
100 g grüne Bohnen
100 g Staudensellerie
1 kleine rote Paprikaschote
8 EL Olivenöl
Safran · Paprikapulver
Salz · Pfeffer
200 g spanischer Rundkornreis
100 ml Brühe
½ l Möhrensaft
1 Bund krause Petersilie
Saft einer Zitrone

Tomaten überbrühen, enthäuten, entkernen, grob hacken. Zwiebeln und Knoblauch schälen und grob hacken.

Schweinelende, Fisch, Tintenfischringe und Riesengarnelen waschen, trockentupfen. Schweinelende und Fisch in Würfel schneiden. Möhren, Bohnen, Staudensellerie und Paprika in Scheiben bzw. Stücke schneiden.

Olivenöl in einer Paëllapfanne oder backofengeeigneten Pfanne erhitzen, Fleisch, Fisch, Tintenfischringe und Riesengarnelen getrennt anbraten, warm stellen.

Im Bratfett Zwiebeln und Knoblauch glasig dünsten. Gemüse dazugeben, Safran und Paprikapulver unterrühren, mit Salz und Pfeffer kräftig würzen. Reis dazugeben, Brühe und Möhrensaft angießen, ca. 25 Minuten köcheln lassen, bis der Reis fast alle Flüssigkeit aufgenommen hat.

Fleisch- und Fischwürfel sowie Tintenfischringe und Riesengarnelen dekorativ auf dem Reis verteilen. Die Pfanne mit Alufolie abdecken, im Ofen bei 200 Grad weitere 15 Minuten ziehen lassen. Petersilie hacken. Paëlla mit Petersilie bestreuen, mit Zitronensaft beträufeln und sofort servieren.

Meeresfrüchtegratin

1 Pck. gemischte Meeresfrüchte (TK)
3 - 4 Knoblauchzehen
2 EL Olivenöl
2 Tomaten · 1 kg Kartoffeln
4 Zweige Oregano
12 grüne Oliven
1 Becher Sahne · 200 ml Milch
6 EL Kikkoman Sojasoße
50 g geriebener Käse
Muskat · Pfeffer

Meeresfrüchte auftauen lassen, mit Olivenöl und zerdrücktem Knoblauch anschwitzen. Kartoffeln schälen, in sehr feine Scheiben, Tomaten in breitere Scheiben schneiden. Oregano von den Stengeln zupfen, Oliven in feine Scheiben schneiden, mit Sahne, Milch und Sojasoße vermengen, mit Muskat und Pfeffer abschmecken.

In eine Gratinform Kartoffeln einschichten, dann nacheinander Tomaten und Meeresfrüchte daraufgeben, jeweils ein Drittel der Sauce darübergeben. Mit einer weiteren Schicht Kartoffeln bedecken, mit Käse bestreuen. Gratin im Ofen bei 220 Grad ca. 30 Minuten backen.

Provençalische Steinbutt-Bourride

200 g Knoblauchzehen
4 Eigelb
Salz
weißer Pfeffer
½ l Olivenöl
1 Steinbutt, 2 kg (vom Fischhändler Filets auslösen und die Gräten mitgeben lassen)
2 Stangen Staudensellerie
½ Stange Lauch
1 Zwiebel
je ½ Bund Petersilie und Dill
1 Lorbeerblatt · 1 TL weiße Pfefferkörner
2 Schalotten · 8 Kartoffeln

Für die Aioli Knoblauchzehen pellen, sehr fein hacken. Mit dem Eigelb in eine Schüssel geben, salzen, pfeffern. Mit dem Handrührgerät schaumig schlagen. Unter ständigem Rühren das Öl erst tropfenweise, dann in dünnem Strahl dazugießen, bis eine feste Mayonnaise entsteht.

Steinbuttfilets kalt abspülen, trockentupfen. Jedes Filet in der Mitte schräg durchschneiden. Für den Fischfond die Gräten 15 Minuten in kaltem Wasser wässern.

Staudensellerie, Lauch und Zwiebel grob würfeln. Petersilie und Dill abzupfen. Gräten, Gemüse, Kräuter, Lorbeerblatt und Pfefferkörner mit ½ l kaltem Wasser aufsetzen, einmal aufkochen, bei milder Hitze 30 Minuten offen garen. Dabei öfter abschäumen. Den Fond durch ein Tuch abseihen. Schalotten fein würfeln, mit 1 l Fischfond in eine Kasserolle geben, auf die Hälfte einkochen.

Aioli bei milder Hitze löffelweise unter den reduzierten Fond rühren (keinesfalls kochen!). Eventuell mit Salz und Pfeffer nachwürzen. Kartoffeln in Salzwasser gar kochen, warm stellen. Kurz vor dem Servieren pellen. Steinbuttfilets auf einer feuerfesten Platte mit 200 ml Fischfond begießen. Im Ofen bei 220 Grad 5 Minuten garen. Je 2 Fischfilets auf vorgewärmten Tellern anrichten mit der Soße überziehen, mit den Kartoffeln sofort servieren.

Scampi in Knoblauch-Rucola-Butter auf Blattsalat

125 g Butter
4 Knoblauchzehen
1 Bund Rucola
Salz · schwarzer Pfeffer
1 Prise Cayennepfeffer
24 Scampi
2 TL Öl
100 g gemischter Salat (z.B. Radicchio, Frisée- und Römersalat)
Saft einer halben Zitrone
3 EL Mineralwasser
100 g Kräuter-Frischkäse mit Buttermilch

Butter weich werden lassen. Knoblauch zerdrücken. Rucola waschen, trockentupfen, ½ Bund fein hacken, mit der Butter zum Knoblauch geben. Gut mischen, mit Salz, Pfeffer und Cayennepfeffer kräftig würzen. Kalt stellen. Scampi aus den Schalen lösen, abspülen, trockentupfen. Auf dem Grill oder in Öl rundum 5 - 6 Minuten garen, bis sie rosa sind.

Salat waschen, gut abtropfen lassen. Zitronensaft mit Mineralwasser und Frischkäse gründlich verrühren, mit Salz und Pfeffer abschmecken, den Blattsalat darin wenden. Restlichen Rucola-Salat auf Tellern anrichten, Scampi darauf verteilen, mit Kräuterbutter bestreichen. Den Salat und Baguette dazu reichen.

Rotbarschfilet auf Spinatbett

1 kg Blattspinat
4 Tomaten
Salz
4 Rotbarschfilets
Pfeffer
Zitronensaft
3 EL Öl
1 Zwiebel · 2 Knoblauchzehen
2 EL Butter
1 TL gehackte Kapern
50 g Gouda oder Emmentaler

Spinat verlesen, putzen, gründlich waschen. In reichlich kochendem Salzwasser kurz blanchieren, kalt abschrecken. Tomaten überbrühen, abziehen, halbieren und entkernen. Klein würfeln. Fischfilets trockentupfen, salzen, pfeffern und mit Zitronensaft beträufeln.

Öl in einer Pfanne erhitzen und Fischfilets auf beiden Seiten kräftig anbraten. Warm stellen. Zwiebel und Knoblauch schälen, beides fein hacken. Butter in einer feuerfesten Form erhitzen, Zwiebeln und Knoblauch darin andünsten. Kapern und Spinat zugeben, salzen und pfeffern.

Die Fischfilets auf das Spinatbett legen, Tomatenwürfel und geriebenen Käse darüber verteilen, für 3 Minuten unter den Grill stellen und servieren.

Kabeljaufilet mit Tomaten und Knoblauch

(4 - 6 Portionen)

1 kg Kabeljaufilet

2 EL Mehl

Olivenöl

Für die Sauce:

4 Zwiebeln

1 kg Tomaten

4 Knoblauchzehen

1 Dose rote Pfefferschoten

½ Bund Petersilie

2 EL Paniermehl

1 TL Chilipulver

Kabeljau in kaltem Wasser aufsetzen, zum Kochen bringen, 5 Minuten sprudelnd kochen lassen, bei reduzierter Hitze noch 10 Minuten ziehen lassen. Fisch in Stücke zerteilen, im Mehl wenden und in einer Pfanne oder in der Friteuse goldgelb backen. Auf Küchenkrepp abtropfen lassen.

Zwiebel schälen, fein hacken. Tomaten überbrühen, abziehen, halbieren, entkernen und würfeln. Knoblauch pellen und durch die Presse drücken. Pfefferschoten in Streifen schneiden. 3 EL Olivenöl in einem Topf erhitzen, Zwiebeln darin glasig dünsten, Tomatenwürfel, Knoblauch, Chilipulver und Pfefferschotenstreifen dazugeben. Dick einkochen lassen. Backofen auf 220 Grad vorheizen.

Die Hälfte der Sauce in eine Gratinform geben, Fisch darauf verteilen, mit dem Rest der Sauce bedecken. Petersilie fein hacken, zusammen mit dem Paniermehl auf den Gratin streuen. Mit etwas Olivenöl beträufeln und 10 Minuten überbacken.

Seelachsrouladen

4 Seelachsfilets
Saft einer halben Zitrone
50 g durchwachsener Speck
je ½ rote Paprikaschote und grüne Paprikaschote
1 Gewürzgurke
20 g Butter
½ TL Estragon
Salz · Pfeffer ·
1 Zwiebel · 2 Knoblauchzehen
4 EL Öl
⅛ l heiße Fleischbrühe
4 EL Ketchup
½ Bund Petersilie
1 unbehandelte Zitrone

Seelachsfilets unter fließendem kalten Wasser gut abspülen, trockentupfen. Mit Zitronensaft beträufeln. Speck in feine Scheiben schneiden. Paprikaschotenhälften waschen, weiße Teile und Kerne entfernen, in schmale Streifen schneiden. Gewürzgurke in Scheiben schneiden. Butter in einem Topf erhitzen, Paprikastreifen darin 10 Minuten lang dünsten.

Seelachsfilets mit Speck, Paprika und Gewürzgurke belegen, mit Estragon, Salz und Pfeffer würzen. Aufrollen und mit Holzstäbchen oder Zahnstochern feststecken. Rundherum leicht salzen. Zwiebel und Knoblauch schälen, fein würfeln. Öl in einer Pfanne erhitzen, zuerst die Fischrouladen darin anbraten, dann Zwiebel- und Knoblauchwürfel dazugeben. 15 Minuten braten, nach und nach Fleischbrühe angießen, Ketchup einrühren. Zum Garnieren Petersilie fein hacken, Zitrone waschen und in Achtel teilen.

Fisch aus der Pfanne nehmen, auf einer vorgewärmten Platte anrichten, Sauce mit Salz und Pfeffer würzen, über die Rouladen verteilen. Mit Petersilie und Zitronenschnitzen garniert servieren.

Thunfisch provençal

800 g Thunfisch
3 Knoblauchzehen
1 Bund Suppengrün
2 Zwiebeln
2 EL Olivenöl
1 Bund Petersilie
5 Tomaten
1 Zweig Thymian
1 Prise Cayennepfeffer
1 Eigelb
Essig

Thunfisch unter fließendem kalten Wasser gut abspülen. Knoblauch und Zwiebeln schälen. Eine Zwiebel fein hacken, zwei Knoblauchzehen durch die Presse drücken. Petersilie fein hacken. Tomaten überbrühen, häuten, entkernen und würfeln.

In einem großen Topf Wasser mit einer Knoblauchzehe, dem Suppengrün, einer Zwiebel und einem Spritzer Essig zum Kochen bringen. Fisch hineingeben, ca. 15 Minuten ziehen lassen. Anschließend herausnehmen, Haut entfernen, in Stücke teilen und warm stellen.

Olivenöl erhitzen, die fein gehackte Zwiebel darin glasig dünsten, Knoblauch, die Hälfte der Petersilie, Tomaten, Thymianblättchen und Cayennepfeffer hinzufügen, zum Kochen bringen. Pürieren, nochmals aufkochen. Dann den Thunfisch dazugeben und ca. 5 Minuten ziehen lassen.

Vom Herd nehmen, Eigelb unterziehen, mit restlicher Petersilie bestreut servieren.

Kabeljau in Kräuter-Krabben-Sauce

4 Kabeljaufilets
Saft einer Zitrone
Salz
1 Knoblauchzehe
etwas heißes Wasser

Für die Sauce:
½ Bund Petersilie
1 Bund frischer oder 1 EL getrockneter Dill
½ Bund frischer oder 1 TL getrockneter Kerbel
1 Knoblauchzehe
30 g Butter · 30 g Mehl
¼ l Fischsud
⅛ l Sahne
Pfeffer
150 g Krabben
1 Gewürzgurke

Backofen auf 220 Grad vorheizen. Kabeljaufilets unter fließendem kalten Wasser waschen, trockentupfen, mit Zitronensaft beträufeln. Leicht salzen. Knoblauch schälen und vierteln, mit dem Fisch in eine feuerfeste Form geben, mit 3 EL heißem Wasser begießen. Zugedeckt auf der unteren Schiene des Backofens 25 Minuten garen.

In der Zwischenzeit Petersilie, Dill und Kerbel hacken. Fischfilets aus der Form nehmen, warm stellen. Butter in einem Topf erhitzen. Mehl darin 3 Minuten unter Rühren durchschwitzen. Fischsud mit Wasser auf ¼ l auffüllen. Mehlschwitze damit ablöschen und 5 Minuten kochen lassen. Vom Herd nehmen, Sahne unterrühren, mit Pfeffer abschmecken. Knoblauch abziehen und durch die Presse drücken, zusammen mit Krabben und Kräutern in die Sauce geben, kurz aufwärmen, aber nicht mehr kochen. Sauce über den Fisch gießen. Gewürzgurke in Scheiben schneiden und den Fisch damit garnieren, sofort servieren.

Knoblauchmakrelen

4 Makrelen

Salz

Pfeffer

3 EL Mehl

6 EL Olivenöl

2 Zwiebeln

4 Knoblauchzehen

250 g frische Champignons

¼ l Weißwein

Salz

Cayennepfeffer

Oregano

1 unbehandelte Zitrone

½ Bund Petersilie

Makrelen ausnehmen, innen und außen waschen, trockentupfen. Salzen, pfeffern, in Mehl wenden. Öl in einer Pfanne erhitzen, Makrelen darin auf jeder Seite 5 Minuten braten. Auf einer Platte anrichten und warmstellen.

Zwiebeln und Knoblauchzehen schälen, fein hacken, im restlichen Bratfett 2 Minuten dünsten. Champignons abreiben, blättrig schneiden, in die Pfanne geben, Wein angießen. 10 Minuten dünsten, mit Salz, Cayennepfeffer und Oregano abschmecken. Makrelen damit umlegen.

Zum Garnieren Petersilie fein hacken und Zitrone in Scheiben schneiden. Makrelen damit garniert servieren.

Miesmuscheln gefüllt

1 kg Miesmuscheln

Für den Sud:
⅛ l Wasser
Salz
⅛ l Weißwein
1 Zwiebel
½ Lorbeerblatt · 2 Wacholderbeeren
½ Bund Suppengrün

Für die Füllung:
1 Bund Petersilie · ½ Bund Dill
2 Knoblauchzehen · 1 Zwiebel
3 EL Paniermehl
50 g Kräuterbutter
1 unbehandelte Zitrone

Miesmuscheln unter fließendem kalten Wasser gründlich bürsten, Tangreste entfernen, offene Muscheln wegwerfen. Das Suppengrün grob hacken. Wasser mit Salz und Wein in einem großen Topf aufkochen, Zwiebel schälen und mit dem Lorbeerblatt spicken, zusammen mit den Wacholderbeeren und dem Suppengrün in den Sud geben, sprudelnd kochen lassen, dann die Muscheln dazugeben und zugedeckt 10 - 15 Minuten garen.

Zwischendurch am Topf rütteln, damit die Muscheln gleichmäßig gar werden. Muscheln mit der Schaumkelle herausnehmen und auf einem Sieb abtropfen lassen. Nicht geöffnete Muscheln entfernen. Muschelfleisch aus den Schalen nehmen und klein hacken. Backofen auf 240 Grad vorheizen.

Petersilie und Dill waschen, trockentupfen, fein hacken. Knoblauch und Zwiebel schälen, beides fein hacken. Alles mit Paniermehl, Kräuterbutter und gehacktem Muschelfleisch mischen, in die Muschelschalen füllen. Auf ein Backblech setzen und auf der mittleren Schiene des Backofens 10 Minuten überbacken. In der Zwischenzeit Zitrone heiß abspülen und in Scheiben schneiden.

Muscheln auf einer vorgewärmten Platte mit Zitronenscheiben garniert servieren.

Miesmuscheln in Weißwein

3 kg frische Miesmuscheln
2 große Zwiebeln
4 Knoblauchzehen
1 Möhre
1 Stange Lauch
1 Bund Suppengrün
1 Lorbeerblatt · 6 Pfefferkörner
½ l Weißwein
Salz

Muscheln unter fließendem kalten Wasser gründlich bürsten, Tangreste entfernen, offene Muscheln wegwerfen. Zwiebeln schälen, in grobe Ringe schneiden. Knoblauch pellen, durch die Presse drücken. Gemüse putzen und kleinschneiden. Den Wein mit der gleichen Menge Wasser in einem sehr großen Topf heiß werden lassen, Gemüse und Gewürze dazugeben. In die sprudelnd kochende Flüssigkeit die Muscheln auf einmal hineingeben, bei starker Hitze, anfangs zugedeckt, 5 - 10 Minuten kochen. Den Topf zwischendurch etwas schütteln, damit die Muscheln gleichmäßig gar werden. Gegen Ende der Garzeit den Sud kurz abschmecken, evtl. etwas Salz dazugeben.

Wenn alle Muscheln geöffnet sind, die Muscheln im Topf servieren, damit sie möglichst lange heiß bleiben. Französisches Weißbrot dazu reichen.

Die nicht geöffneten Muscheln unbedingt wegwerfen.

Cassoulet vom Dorsch

1 kg Dorschfilet

200 g trockene weiße Bohnen

80 g magerer Speck

3 EL Olivenöl

80 g Butter

4 Knoblauchzehen

1 Bund Petersilie

1 Zwiebel · 2 Möhren

1 Stange Staudensellerie

2 Nelken · 2 Zweige Thymian · 1 Lorbeerblatt

Salz · Pfeffer

100 g Paniermehl · 100 g Gratin-Käse

Dorschfilet ca. 12 Stunden in kaltes Wasser legen, das man alle 3 - 4 Stunden wechseln sollte. Bohnen einweichen. Speck blanchieren, dann in kleine Stücke schneiden. Petersilie fein hacken. Knoblauch schälen und fein hacken. Bohnen abgießen, in einen Topf mit kochendem Wasser geben, aufkochen lassen und abgießen.

In einem großen Topf 50 g Butter und 2 EL Öl zusammen mit Speck, Petersilie, Knoblauch und den Bohnen erhitzen. 1 - 2 Tassen Wasser dazugießen, aufkochen lassen, evtl. abschäumen. Zwiebel schälen, mit den Nelken spicken, Möhren putzen, beides in den Topf geben. Staudensellerie putzen, in Stücke schneiden, zusammen mit dem Thymian und dem Lorbeerblatt in den Topf geben. 2 - 3 Stunden leise köcheln lassen, bis die Bohnen weich sind, mit Salz und Pfeffer abschmecken. Erst wenn die Bohnen fast weich sind, den Fisch in kaltem Wasser aufsetzen und langsam zum Kochen bringen, sprudelnd 5 Minuten kochen lassen, dann abschütten.

Backofen auf 180 Grad vorheizen. In eine Gratinform das restliche Öl geben, mit einem Schaumlöffel die Hälfte des Bohnengemüses einfüllen, den Fisch etwas zerpflücken und darüber verteilen, mit dem restlichen Gemüse abdecken. Paniermehl und Käse mischen und über das Gemüse streuen. Die restliche Butter in Flöckchen darübergeben. Im Backofen goldbraun gratinieren und sofort servieren.

Zanderfilet in Paprikasauce

4 Zanderfilets

2 Zwiebeln · 1 grüne Paprikaschote

3 Knoblauchzehen · 1 kleine Stange Lauch

½ Bund Petersilie

1 Becher Sahne · 2 EL Ketchup

1 Lorbeerblatt · Thymian · 2 EL Paprika edelsüß

Salz

Fischfilets salzen und mit Paprikapulver einreiben. Zwiebeln schälen, fein hacken. Paprikaschote waschen, halbieren, weiße Teile und Kerne entfernen, eine Hälfte klein schneiden, die andere in Streifen schneiden. Knoblauch pellen, durch die Presse drücken. Lauch putzen, weißen Teil in Ringe schneiden, Petersilie fein hacken. Sahne in einen Topf geben. Vorbereitete Zutaten mit dem Lorbeerblatt ca. 5 Minuten darin dünsten, dann die Fischfilets dazugeben, weitere 15 Minuten garen. Fisch herausnehmen, warmstellen.

Fond etwas einkochen lassen, durch ein Sieb streichen, dann mit Ketchup, Thymian und Salz abschmecken. Fisch zurück in die Sauce legen, mit den Paprikastreifen garniert servieren.

Scampi spanisch

32 ungeschälte (TK-) Scampi
1 l Wasser
Salz
1 Bund Petersilie
150 g frische Champignons
40 g Butter
Pfeffer
etwas Margarine
2 Zwiebeln
2 Knoblauchzehen
300 g Tomaten
4 EL Öl
½ TL getrocknetes Basilikum
2 EL Ketchup
25 g frisch geriebener Parmesan
10 g Paniermehl

Tiefgekühlte Scampi auftauen lassen, unter fließendem kalten Wasser gründlich abspülen. Wasser mit Salz in einem Topf aufkochen, Scampi und einen halben Bund Petersilie ins Wasser geben. 5 Minuten sieden lassen. Scampi mit einem Schaumlöffel herausnehmen, abtropfen und abkühlen lassen. Fleisch aus den Schalen lösen und den Darm entfernen.

Champignons abreiben, in Scheiben schneiden, Butter in einer Pfanne erhitzen, Pilze darin 5 Minuten dünsten, mit Salz und Pfeffer würzen. Eine flache feuerfeste Form mit etwas Margarine einfetten, Scampi und Champignons abwechselnd einfüllen.

Zwiebeln schälen, fein hacken, Knoblauch pellen und durch die Presse drücken. Tomaten überbrühen, abziehen, entkernen und fein würfeln.

Backofen auf 220 Grad vorheizen. 2 EL Öl in einer Pfanne erhitzen, Zwiebeln und Knoblauch darin bei geringer Hitze glasig dünsten. Tomatenwürfel dazugeben, mit Salz, Pfeffer und Basilikum würzen. Zugedeckt 5 Minuten weiterdünsten. Ketchup einrühren, Sauce über die Scampi gießen.

Die restliche Petersilie fein hacken, mit Parmesan und Paniermehl mischen und gleichmäßig über die Scampi streuen. Mit dem restlichen Öl beträufeln, im Backofen auf mittlerer Schiene 10 Minuten gratinieren, dann sofort servieren.

Tintenfisch spanisch

1 kg kleine Tintenfische (evtl. tiefgefroren)

¼ l Olivenöl

5 Knoblauchzehen

1 TL Pfeffer

2 cl Cognac

(Aufgetaute) Tintenfische von Kopf, Innereien und Knorpel befreien, in mundgerechte Stücke zerteilen. Mit Küchenkrepp trockentupfen. Knoblauchzehen schälen. Öl in einer großen Pfanne sehr heiß werden lassen, die Knoblauchzehen hineingeben und bräunen, dann herausnehmen.

Tintenfischstücke im Öl gut anbraten (ca. 7 Minuten), mit Cognac ablöschen und bei geringer Wärmezufuhr 25 Minuten weitergaren. Fisch aus dem Sud nehmen und mit Pfeffer leicht überstäuben. Sofort servieren.

Gegrillter Karpfen chinesisch

4 Karpfenfilets mit Haut
1 TL Fünfgewürz-Pulver
2 EL Sojasoße
2 El Limettensaft
3 EL dunkles Sesamöl
1 ½ TL Speisestärke
Öl
2 rote Chilischoten
3 Knoblauchzehen
40 g frische Ingwerwurzel
350 g Möhren
3 Stangen Lauch
20 g Sesamsamen
3 EL Pflanzenöl
Salz

Gräten so gut es geht aus den Karpfenfilets entfernen, Fisch dann kalt abspülen, mit Küchenkrepp trockentupfen. Auf der Hautseite mehrmals über Kreuz einritzen, quer in 3 gleiche Stücke schneiden.

Aus dem Fünfgewürz-Pulver, Sojasoße, Limettensaft, 2 EL Sesamöl und der Speisestärke eine Marinade rühren.

Fischfilets auf eine flache Schale legen, von beiden Seiten mit der Marinade einstreichen. Zugedeckt eine Stunde kühl stellen.

Backofen auf 250 Grad vorheizen. Backblech mit Öl einpinseln, Fischfilets noch einmal mit der Marinade bestreichen, dann mit der Hautseite nach oben auf das Blech legen. Unter dem Grill im Backofen 10 Minuten knusprig braten.

In der Zwischenzeit Chilischoten putzen, entkernen, fein würfeln. Knoblauch schälen, fein hacken. Ingwerwurzel schälen, sehr fein würfeln. Chilischoten, Knoblauch und Ingwer mischen. Möhren schälen, Lauch putzen, beides in feine, 4 cm lange Streifen schneiden. Sesamsamen in einer Pfanne ohne Öl kurz rösten.

Pflanzenöl in einem Wok heiß werden lassen, die Chili-Knoblauch-Ingwer-Mischung hineingeben und unter Wenden anbraten. Gemüsestreifen dazugeben und 4 Minuten mitbraten, ständig wenden.

Mit dem restlichen Sesamöl und etwas Salz würzen, dann geröstete Sesamsamen dazugeben. Gemüse auf einer Platte anrichten und die knusprigen Karpfenfilets daraufsetzen. Sofort servieren.

Geflügel in allerlei Knoblauch-Varianten

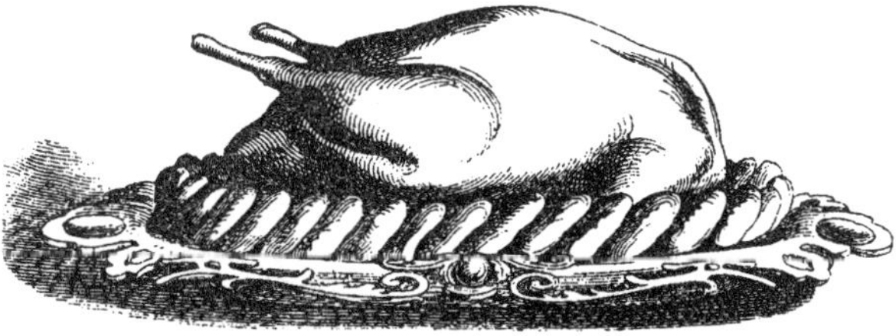

Hähnchen in würziger Joghurtsauce

12 Kardamomkapseln
20 g frische Ingwerwurzel
4 Knoblauchzehen
1 TL Fenchelsamen · ½ TL Cayennepfeffer
3 Becher Magermilchjoghurt
4 Hähnchenkeulen · 350 g Hähnchenbrustfilet
100 g Butter
250 g Zwiebeln
2 ganze Zimtstangen · 3 Gewürznelken
2 Briefchen Safranfäden
1 EL Speisestärke · Salz

Kardamomsamen aus den Kapseln lösen, Ingwer schälen und würfeln, Knoblauch pellen und würfeln. Kardamomsamen, Ingwer, Knoblauch, Fenchelsamen und Cayennepfeffer unter den Joghurt mischen und mit dem Schneidestab des Handrührers fein pürieren.

Hähnchenfleisch von der Haut befreien, kalt abspülen und trockentupfen. Die Keulen im Gelenk durchschneiden. Brustfilet quer halbieren. Fleisch mit der Joghurtmarinade übergießen und abgedeckt eine Stunde ziehen lassen.

Inzwischen die Butter auf indische Art klären: Butter bei geringer Hitze zerlassen, auf mittlere Hitze heraufschalten, Butter abschäumen. Sobald die Butter zu kochen beginnt und Blasen aufsteigen, die Hitze wieder reduzieren und etwa 10 Minuten köcheln lassen. Wenn alle Feuchtigkeit verdampft ist und die Butter am Topfboden leicht goldbraun geworden ist, haben wir das Ghee genannte indische Butterfett. (Wem dieser Vorgang zu aufwendig ist, der verwende das im Handel erhältliche Butterschmalz.)

Zwiebeln schälen, fein würfeln. Die geklärte Butter in einer großen Pfanne erhitzen, Hähnchenteile darin gold-

Gemüseburger mit Basilikumcreme

Rezept Seite 21

Griechischer Bauernsalat

Rezept Seite 26

Tomatensuppe mit Miniravioli

Rezept Seite 54

Meeresfrüchtegratin
Rezept Seite 77

Feurige Reispfanne mit Hühnerbruststreifen
Rezept Seite 103

Fächerbraten

Rezept Seite 139

Schweinerollbraten mit Sonnenblumen-Kräuter-Füllung (oben)
Rezept Seite 141

Rinderfilet mit Käse-Schnittlauch-Sauce (unten)
Rezept Seite 142

Fritierte Champignons mit verschiedenen Dips

Rezept Seite 162

braun anbraten, herausnehmen und in einen großen flachen Bräter geben. Zwiebelwürfel mit Zimtstangen, Nelken und Safran in die Pfanne geben und glasig dünsten. Joghurtmarinade mit 150 ml Wasser dazugeben, ca. 7 Minuten offen kochen, dann über das Fleisch gießen. Zugedeckt im vorgeheizten Backofen bei 200 Grad auf der 2. Einschubleiste von unten 45 Minuten garen.

Fleischteile aus der Sauce nehmen und im Backofen warmhalten. Zimtstangen und Nelkenköpfe entfernen. Speisestärke mit etwas kaltem Wasser glattrühren, in die Sauce geben und ca. 3 Minuten leise kochen, dann mit dem Schneidestab des Handrührers gut durchrühren. Mit Salz würzen. Fleisch auf einer großen Platte anrichten und mit Sauce übergießen.

Geschmorte Poularde

1 Poularde
Salz · Pfeffer
1 kleine Dose Schältomaten
4 Knoblauchzehen
4 EL Olivenöl
2 Zweige Rosmarin · 2 Lorbeerblätter
20 schwarze Oliven
300 ml Weißwein
2 TL Fenchelsamen

Poularde waschen, trockentupfen, in 8 Teile zerlegen, salzen, pfeffern. Tomaten abtropfen lassen, ausdrücken. Knoblauch pellen, durch die Presse drücken. Öl in einer Pfanne sehr heiß werden lassen, Fleisch darin von allen Seiten gut anbraten. Knoblauch, Rosmarin, Lorbeer, Oliven und Tomaten hinzufügen. Wein angießen. Fenchelsamen darüberstreuen. Fleisch zugedeckt ca. 25 Minuten bei milder Hitze schmoren und sofort servieren.

Indisches Entencurry

1 große Ente
6 Knoblauchzehen
6 getrocknete rote Chilischoten
⅛ l Essig
1 EL gehackter Ingwer
1 EL Koriander
2 TL Kreuzkümmel
1 TL Kurkuma
½ TL Pfeffer
2 EL Öl
2 TL Salz
1 EL Zucker

Ente in Portionsstücke zerteilen. Chilis entstielen und entkernen, 10 Minuten in Essig einweichen.

Knoblauch pellen und zusammen mit den Chilis samt Essig und dem Ingwer pürieren, gemahlene Gewürze untermischen. Fleischstücke in der Marinade wenden, zugedeckt über Nacht im Kühlschrank ziehen lassen.

Öl in einem Bräter erhitzen, Fleischstücke darin anbraten, salzen und die restliche Marinade mit etwas Wasser angießen. Zugedeckt im Backofen bei 160 bis 180 Grad etwa 2 Stunden garen, gelegentlich umrühren, Entenstücke wenden und vom Topfboden lösen. Wenn nötig, noch etwas Wasser angießen. Am Ende der Garzeit den Zucker unterrühren. Mit Reis servieren.

Französisches Entenragout

1 Ente (ca. 2 kg)
5 Knoblauchzehen
3 EL Öl
1 Zwiebel
1 Stange Lauch
1 TL Thymian
1 Lorbeerblatt
10 grüne Pfefferkörner
⅛ l Rotwein
¼ l Bratensoße
5 Tomaten
½ Glas schwarze Oliven
1 TL Salz
½ TL Pfeffer
1 EL gehackte Petersilie

Ente zerteilen, innen und außen unter fließendem kalten Wasser waschen und mit Küchenkrepp trockentupfen. Fleisch von den Knochen lösen, in mundgerechte Stücke zerteilen. Öl in einem Topf erhitzen, Fleisch darin anbraten.

Zwiebel und Knoblauchzehen schälen und beides fein hacken. Lauch putzen, waschen, in Streifen schneiden, alles zum Fleisch geben und kurz mit anbraten. Thymian, Lorbeerblatt und die Pfefferkörner dazugeben, mit Rotwein ablöschen, Bratensauce dazugeben. 25 bis 30 Minuten bei geringer Wärmezufuhr kochen lassen.

Tomaten überbrühen, abziehen, entkernen, achteln. Zusammen mit den Oliven zum Entenragout geben, mit Salz und Pfeffer abschmecken. Mit gehackter Petersilie garniert servieren.

Scharfes Huhn mit Knoblauchbohnen

(6 Portionen)

12 getrocknete Shiitake-Pilze

600 g Hähnchenbrustfilet

Salz · 1 EL Sojasauce · 1 TL Chilipaste

1 TL getrocknete Chilischoten

3 gestr. TL Reisstärke · ½ TL Zucker

80 g Lauch · 300 g Zucchini

150 ml Öl

Für die Knoblauchbohnen:

600 g grüne Bohnen

2 - 3 rote Pfefferschoten · 6 Knoblauchzehen

2 EL Öl · Salz · 1 gestr. TL Reisstärke

Pilze 3 - 4 Stunden in lauwarmem Wasser einweichen, gründlich waschen, Stiele abschneiden und beiseite stellen.

Hähnchenfleisch putzen. Die kleinen Filets an der Unterseite abtrennen und einmal durchschneiden, die großen Filets quer in Scheiben schneiden. 1 TL Salz, Sojasauce, Chilipaste, Chilischoten, 2 gestrichene TL Stärke und Zucker über das Fleisch geben.

Lauch fein würfeln und über das Fleisch streuen. Alles mischen, 15 Minuten ziehen lassen.

Zucchini in Scheiben schneiden, Öl bis auf 4 TL in einer großen Pfanne etwas erhitzen, Fleisch darin portionsweise von jeder Seite 1 Minute sanft braten, salzen.

Pfanne säubern, Zucchini im restlichen Öl von jeder Seite kurz anbraten. Pilze und Zucchini in der Pfanne mischen, bei stärkerer Hitze 1 Minute braten, salzen. Fleisch und den angesammelten Saft untermischen und nochmals kurz zusammen erhitzen. Die restliche Stärke in 100 ml Wasser anrühren, zugießen und aufkochen.

Für die Knoblauchbohnen die Bohnen waschen, putzen und einmal durchbrechen. Pfefferschoten putzen, längs aufschneiden, entkernen, längs in Streifen schneiden. Knoblauch pellen und durch die Presse drücken.

Öl in einer großen Pfanne erhitzen, Knoblauch darin sanft anbraten, Bohnen tropfnaß zugeben, salzen und unter ständigem Rühren bei mittlerer Hitze 7 - 8 Minuten braten. Pfefferschoten 2 Minuten mitgaren. Reisstärke in einer halben Tasse Wasser anrühren, zugießen und aufkochen. Bohnen mit dem scharfen Huhn servieren.

Putenragout mit Gemüse

1 Zwiebel
2 Knoblauchzehen
500 g Putenbrustfilet
Pfeffer
2 EL Butter
100 ml heiße Geflügelbrühe
1 TL Kräuter der Provence
300 g Erbsen-Möhren-Gemüse
100 ml Milch · 150 g Crème fraîche
2 Zitronen · Salz

Zwiebel abziehen, fein würfeln, Knoblauch schälen, fein hacken. Fleisch in Würfel schneiden, pfeffern. Butter in einem Topf erhitzen, Zwiebel darin anschwitzen, Knoblauch, Brühe und Kräuter dazugeben. Gemüse darin garen, nach ca. 5 Minuten Fleischwürfel dazugeben. Wenn das Fleisch weich ist, alles durch ein Sieb geben, Sauce auffangen, Fleisch warmstellen. Die Sauce mit Milch und Crème fraîche dicklich einkochen, Fleisch und Gemüse wieder in die Sauce geben, mit Salz, Pfeffer und Zitronensaft abschmecken.

Huhn mit 40 Knoblauchzehen

1 Huhn (ca. 1,5 kg)
40 Knoblauchzehen
¼ l Olivenöl
etwas Thymian
6 Lorbeerblätter
1 Sträußchen Rosmarin
150 g Mehl
Salz · Pfeffer

Das Huhn ausnehmen, Galle und Leber trennen. Innen salzen und pfeffern und die Leber zusammen mit 3 Lorbeerblättern und der Hälfte des Rosmarin hineingeben. Das Huhn mit Küchenfaden zunähen, Flügel und Schenkel zusammenbinden. Die Knoblauchzehen mit Schale in eine ofenfeste Form mit Deckel legen, Rosmarin und Thymian dazugeben, etwas salzen und pfeffern. Das Huhn und die restlichen Lorbeerblätter darauflegen, mit dem Öl begießen.

Aus dem Mehl mit etwas Wasser eine Paste rühren, mit dieser den Deckel der Form „verschweißen". Die Form muß hermetisch abgeschlossen sein. Im vorgeheizten Backofen 90 Minuten garen, die Form erst bei Tisch öffnen.

Bei diesem Gericht werden die Knoblauchzehen ausnahmsweise und absichtlich im ganzen und mit Schale mitgekocht. Sie verlieren dadurch sämtliche Schärfe, werden weich und wohlschmeckend. Die Schale läßt sich vor dem Verzehr leicht abziehen.

Feurige Reispfanne mit Hühnerbruststreifen

400 g Brokkoli

½ frische Ananas oder 1 kleine Dose Ananas

50 g Erdnüsse

⅛ l Brühe

300 g Basmatireis

4 Hühnerbrüstchen

2 Chilischoten

2 EL flüssiger Honig

1 Bund Frühlingszwiebeln

1 rote Paprika · 5 EL Öl

1 Bund Koriander oder Petersilie

8 EL Sojasoße

3 Knoblauchzehen

1 EL Balsamessig · 2 EL Ketchup

Hühnerbrüstchen in jeweils 3 Teile schneiden. Chilischoten fein hacken, Knoblauch pellen und durch die Presse drücken. Aus Chilischoten, Knoblauch, Essig, 3 EL Sojasoße, Honig und 2 EL Öl eine Marinade rühren, auf die Hühnerteile streichen. Reis garen.

In der Zwischenzeit Brokkoli in Röschen teilen, Stiele schälen und in Scheiben schneiden, Frühlingszwiebeln in 5 cm lange Abschnitte schneiden, Paprika in Streifen schneiden. Fleisch auf ein Backblech geben und unter dem vorgeheizten Grill 15 - 20 Minuten grillen, zwischendurch mit der restlichen Marinade bestreichen.

Öl in einer Pfanne erhitzen und das Gemüse unter Rühren 5 Minuten anbraten. Ananas in Stücken und Nüsse dazugeben. Den gekochten Reis dazugeben, Brühe angießen und mit 5 EL Sojasoße würzen. Reispfanne mit Koriander oder Petersilie garnieren und zusammen mit den Hühnerbrüstchen servieren.

Paprikaente

1 Ente (ca. 2 kg)
6 Knoblauchzehen
Salz · Pfeffer
¼ l heißes Wasser
⅛ l Brühe
1 rote und 1 grüne Paprikaschote
2 Zwiebeln
50 g weiche Butter
1 EL Paprika edelsüß · 1 TL Oregano

Ente zerteilen, innen und außen unter fließendem kalten Wasser waschen und mit Küchenkrepp trockentupfen, in 6 bis 8 Stücke teilen, sichtbares Fett abschneiden. Salzen und pfeffern. Ententeile in eine feuerfeste Auflaufform schichten, kochendheißes Wasser darübergießen, im vorgeheizten Backofen bei 200 Grad ca. 50 Minuten braten. Zwischendurch die Brühe angießen.

In der Zwischenzeit die Paprika waschen, halbieren und weiße Trennhäute und Kerne entfernen, in Streifen schneiden. Zwiebeln und Knoblauchzehen schälen und fein hacken. Weiche Butter mit Paprikapulver und Oregano gut mischen. 10 Minuten vor Ende der Garzeit das Gemüse zu den Entenstücken legen und mit einem Teelöffel die Paprikabutter auf dem Fleisch verteilen.

Valencianisches Reisgericht

250 g Reis (im Kochbeutel)
100 g gekochte Erbsen
5 Hähnchenfilets ohne Haut
3 EL Öl
1 Zwiebel
3 Knoblauchzehen
2 grüne Paprika
150 g geräucherter Schinken
300 g Tomaten
½ l heiße Gemüsebrühe
Salz · Pfeffer
Paprika edelsüß
1 Msp. Safran
Petersilie zum Garnieren

Reis garen, Erbsen daruntermischen. Öl in eine Pfanne geben, Hähnchenfilets darin von beiden Seiten goldbraun braten, herausnehmen und warm stellen.

Zwiebel schälen und würfeln, Knoblauch pellen, durch die Presse drücken. Paprika putzen, weiße Teile und Kerne entfernen, in feine Streifen, Schinken in Würfel schneiden. Tomaten überbrühen, abziehen, entkernen, würfeln. Alles in die Pfanne geben, kurz durchschmoren.

Zuletzt die Brühe, Salz, Pfeffer, Paprikapulver und Safran untermischen, herzhaft abschmecken.

Den Reis auf Tellern anrichten, das geschmorte Gemüse und je ein Hähnchenfilet darauflegen. Mit Petersilie garniert servieren.

Italienischer Putenrollbraten

(6 - 8 Portionen)

3 kg Putenrollbraten

Für die Marinade:

Saft von 2 Orangen (ca. 250 ml)

½ TL geriebene Orangenschale

Saft von 2 Zitronen

7 EL Olivenöl

4 Knoblauchzehen

1 EL gehackter Rosmarin

Außerdem:

2 EL Olivenöl

Salz · Pfeffer

4 Zweige Rosmarin

3 unbehandelte Orangen in Scheiben

Für die Sauce:

5 getrocknete Tomaten in Öl aus dem Glas,

(ersatzweise 2-3 EL Tomatenmark)

2 Frühlingszwiebeln

2 EL schwarze Oliven (in Scheiben)

je 1 TL gehackter Rosmarin und Thymian

1 EL Zitronensaft

4 EL weißer trockener Wermut

Tabasco · Salz · Pfeffer

Rollbraten kalt abbrausen, trockentupfen. Für die Marinade Knoblauch pellen und fein hacken oder durch die Presse drücken, alle Zutaten verrühren und den Braten damit rundherum einmassieren. Über Nacht zugedeckt in den Kühlschrank stellen.

Backofen auf 150 Grad vorheizen. Braten trockentupfen (restliche Marinade aufheben), in 2 EL Olivenöl rundherum anbraten, kräftig salzen und pfeffern. Auf Alufolie setzen, mit je 1 Rosmarinzweig und 2 - 3 Orangenscheiben belegen. Braten fest einwickeln, im Backofen 90 - 100 Minuten garen. In der Folie auskühlen lassen.

Für die Sauce Tomaten hacken. 2 EL des Öls mit der Braten-Marinade verrühren. Frühlingszwiebeln putzen, den unteren Teil fein hacken. Oliven klein schneiden, Kräuter hacken. Alles zum Tomaten-Öl geben, mit Zitronensaft, Wermut, Tabasco, Salz und Pfeffer abschmecken. Braten in 3 mm dünne Scheiben schneiden. Mit restlichen Orangenscheiben eine Platte am Rand auslegen. Fleisch darauf anrichten, mit etwas Sauce beträufeln. Restliche Sauce dazu servieren.

Teriyaki-Hähnchen

2 Hähnchen

8 EL Teriyaki-Marinade

2 cm Ingwerwurzel

6 EL Öl

3 Knoblauchzehen

1 unbehandelte Orange

Hähnchen waschen, trockentupfen, halbieren und in je 6 Teile schneiden. Ingwer fein raspeln, Orange waschen, 1 EL Schale abraspeln, Saft einer Orangenhälfte auspressen. Die Knoblauchzehen schälen und durch die Presse drücken.

Teriyaki-Marinade, Ingwer, Öl, Knoblauch, Orangenschale und -saft verrühren, die Hähnchenteile 3 Stunden darin marinieren.

Geflügel mit der Hautseite nach unten auf den Grillrost legen. Nach 15 Minuten umdrehen, wieder mit der Marinade bestreichen, weitere 20 Minuten knusprig braten.

Italienische Poularde

1 kg kleine Kartoffeln

250 g Schalotten

8 Knoblauchzehen

1 Poularde (1,3 kg, küchenfertig)

Salz · schwarzer Pfeffer

2 Zweige Rosmarin · 4 Zweige Thymian

6 EL Olivenöl

400 ml Geflügelfond (aus dem Glas)

150 g schwarze Oliven

600 g Tomaten

4 EL Balsamico-Essig

1 EL gehackte Petersilie

Kartoffeln waschen, schälen, in Wasser legen. Schalotten und Knoblauch abziehen. Poularde innen und außen salzen und pfeffern, mit je einem Rosmarin- und Thymianzweig füllen. Die Keulen mit Küchengarn zusammenbinden.

4 EL Olivenöl erhitzen, Schalotten und Knoblauch darin ca. 2 Minuten anbraten. Poularde mit der Brustseite nach oben hineinsetzen, mit restlichem Olivenöl bestreichen. Geflügelfond dazugießen. Die Poularde im Ofen bei 180 Grad ca. 55 Minuten garen.

Nach 15 Minuten die Kartoffeln und Oliven in den Bräter geben, Poularde dabei mit dem Bratensaft begießen. Kartoffeln mit wenig Salz und Pfeffer würzen.

Tomaten überbrühen, abziehen, achteln und entkernen. Restliche Thymianblätter von den Stielen zupfen, mit den Rosmarinnadeln fein hacken. Nach 55 Minuten Tomaten, Rosmarin und Thymian unter die Kartoffeln mischen.

Nur das Gemüse mit dem Essig übergießen, 15 Minuten weitergaren. Zum Anrichten die Poularde in 4 Teile zerlegen, auf das Gemüsebett legen, mit Petersilie bestreuen und servieren.

Gefüllter Fasan

2 Fasanen
2 Zwiebeln
250 g durchwachsener Speck in Scheiben
4 Knoblauchzehen
2 EL saure Sahne
2 Eigelb
3 EL gehackte Petersilie
6 frische Weinblätter
4 EL Öl
1 EL Butterschmalz
1 EL Mehl
Thymian
Salz
Pfeffer

Fasanen ausnehmen, Innereien beiseite legen. Das Fleisch waschen, mit Küchenkrepp trockentupfen, innen und außen mit Salz, Pfeffer und Thymian würzen.

Zwiebeln und Knoblauch schälen, Zwiebeln fein würfeln, Knoblauch durch die Presse drücken. Innereien zerkleinern. Im heißen Butterschmalz Zwiebeln, Knoblauch und die Innereien anbraten, mit Salz, Pfeffer und Thymian würzen. Mit Mehl bestäuben, gut durchrühren, gehackte Petersilie, saure Sahne und Eigelb untermischen. Mit dieser Masse die Fasanen füllen, Öffnung gut verschließen und die Fasanen zuerst mit den gewaschenen Weinblättern, dann mit den Speckscheiben belegen. Besonders die Brust sollte gut umhüllt sein, mit Zwirn festbinden.

Öl erhitzen, die Fasanen darin von allen Seiten leicht anbraten, dann im auf 160 Grad vorgeheizten Backofen ca. 60 Minuten garen. Zwischendurch öfter mit Bratfett begießen. Zum Servieren Zwirn entfernen, Fasanen mit Speckstreifen garnieren.

Exotische Reispfanne mit Sonnenblumenkernen

250 g Langkornreis
Salz
1 rote Paprikaschote
3 Lauchzwiebeln
1 Dose Maiskölbchen
400 g Putenschnitzel
2 cm frische Ingwerwurzel
2 Knoblauchzehen
50 g Sonnenblumenkerne
6 EL Sonnenblumenöl
50 ml heiße Gemüsebrühe
2 EL Sojasoße · ½ TL Sambal Oelek
150 g (TK-)Erbsen

Reis garen, ausdämpfen, kalt werden lassen. Paprika putzen, weiße Teile und Kerne entfernen, vierteln. Quer in feine Streifen schneiden. Lauchzwiebeln mit dem zarten Grün in 1 cm breite Ringe schneiden. Mais abtropfen lassen. Putenschnitzel in dünne Streifen schneiden. Ingwer und Knoblauch schälen, sehr fein hacken.

Sonnenblumenkerne in einer großen Pfanne oder im Wok in 2 EL Öl unter Rühren goldbraun rösten, herausnehmen, salzen, beiseitestellen. 1 EL Öl in die Pfanne geben, Putenfleisch mit Ingwer und Knoblauch unter Rühren scharf anbraten, herausnehmen, warm halten. 3 EL Öl in die Pfanne geben, den Reis 5 Minuten unter Wenden braten.

Gemüsebrühe mit Sojasoße und Sambal Oelek verrühren. Paprikastreifen, Zwiebelringe und aufgetaute Erbsen zum Reis geben, 3 Minuten mitbraten, mit der Brühe ablöschen.

Maiskölbchen und Putenfleisch zugeben, einmal aufkochen lassen. Sonnenblumenkerne zum Bratreis geben und servieren.

Scharfe Hähnchenkeulen amerikanisch

5 Knoblauchzehen
30 g frischer Ingwer
2 Frühlingszwiebeln
2 frische rote Chilischoten
1 TL gemahlener Piment
1 EL brauner Zucker
3 EL scharfer Senf
1 TL gemahlener Zimt
50 ml Apfelessig
100 ml Olivenöl
2 EL Limettensaft
Salz · Pfeffer
12 Hähnchenkeulen (à ca. 200 g)

Für die Würzpaste Knoblauch und Ingwer schälen, Frühlingszwiebeln putzen, grüne Teile beiseite legen und anderweitig verwenden. Chilischoten der Länge nach aufschlitzen. Kerne entfernen. Alles sehr fein hacken. Die Masse mit den restlichen Würzzutaten gut vermischen.

Hähnchenkeulen kalt abbrausen, trockentupfen. Drei Viertel der Würzpaste unter die Haut streichen. Mit dem Rest die Hähnchenkeulen außen einreiben. In eine Glasschüssel legen, über Nacht im Kühlschrank marinieren.

Auf den Grill legen, rundherum in 18 - 20 Minuten knusprig grillen.

Putenschnitzel mit Ratatouille

4 Putenschnitzel
3 EL Zitronensaft
Pfeffer
2 EL Kräuter der Provence
5 EL Öl
1 Aubergine · 1 Zucchini
je 1 rote und gelbe Paprikaschote
3 Fleischtomaten
2 Zwiebeln · 2 Knoblauchzehen
8 EL Olivenöl
Salz
3 EL Weißwein
1 Bund Petersilie

Putenschnitzel kalt abbrausen, trockentupfen, in einer Marinade aus 2 EL Zitronensaft, Pfeffer, 1 TL Kräuter der Provence und Öl eine Stunde abgedeckt im Kühlschrank marinieren.

Aubergine putzen, in etwa 1 cm dicke Scheiben schneiden, diese in 1 cm große Stücke teilen. Zucchini putzen, der Länge nach vierteln. Viertel in dicke Stücke schneiden. Paprikaschoten halbieren, in 1 cm breite Streifen teilen, halbieren. Tomaten überbrühen, enthäuten, halbieren und über einem Sieb entkernen, dabei den Saft auffangen. Zwiebeln schälen, in schmale Spalten schneiden, Knoblauch pellen und durch die Presse drücken.

Gemüse portionsweise in je 1 EL Olivenöl anbraten, herausnehmen. Dann das Gemüse einschließlich Zwiebeln in einen Topf schichten. Jede Schicht mit Salz, Pfeffer und übrigen Kräutern der Provence würzen. Wein, aufgefangenen Tomatensaft sowie Knoblauch dazugeben. Zugedeckt ca. 15 Minuten schmoren lassen. Mit Salz und Pfeffer abschmecken. Die Hälfte der Petersilienblättchen hacken, unter das Gemüse heben.

Schnitzel aus der Marinade nehmen, kurz auf beiden Seiten kräftig anbraten, ca. 5 Minuten fertigbraten, salzen.

Schnitzel mit Ratatouille servieren. Mit Petersilienblättchen dekorieren.

Coq au vin
Huhn in Rotwein

1 Huhn (ca. 1,5 kg)

150 g Räucherspeck

250 g Egerlinge

1 EL Mehl

½ l Geflügelbrühe

½ Bund Petersilie · 1 Lorbeerblatt

50 g gut gekühlte Butter

12 Schalotten

50 g Butterschmalz

½ l Rotwein

4 Knoblauchzehen

1 Thymianzweig

4 EL Sojasoße

Salz · Pfeffer

Das Huhn in 8 Teile schneiden, salzen, pfeffern, mit Mehl bestäuben. Speck in Würfel schneiden, Egerlinge putzen, vierteln, Schalotten schälen. 50 g Butterschmalz erhitzen, Hähnchenteile von allen Seiten goldbraun braten. Rotwein, Sojasoße und Brühe angießen, aufkochen lassen. Petersilie, Thymian und Lorbeerblatt zusammenbinden. Gemüse und Speck zusammen mit Knoblauch, Petersilie, Thymian und Lorbeerblatt dazugeben.

Zugedeckt bei schwacher Hitze 1 ¼ Stunden schmoren lassen. Kräuter herausnehmen. Die eiskalten Butterwürfel unterrühren, mit französischem Stangenweißbrot servieren.

Poularde mexikanisch

1 Poularde (1,3 kg, küchenfertig)
1 Bund Suppengrün
1 Zwiebel
1 TL schwarze Pfefferkörner
3 Gewürznelken
2 Wacholderbeeren
3 Zweige Thymian
Salz
4 EL Öl
1 EL Schnittlauchröllchen

Für die Würzpaste:
4 Knoblauchzehen
2 Zimtstangen
1 kleine getrocknete Chilischote
1 TL schwarze Pfefferkörner
1 TL Pimentkörner
1 TL Kreuzkümmel
1 TL Oregano
3 EL Orangensaft
3 EL Grapefruitsaft

Beilagen:
300 g rote Zwiebeln
4 gelbe türkische Paprikaschoten
4 frische Peperoni
1 Pck. Tortillabrot

Poulardenbrüste und -keulen auslösen. Keulen in Unter- und Oberkeulen zerteilen. Zugedeckt kalt stellen.

Knochen klein hacken. Suppengemüse grob zerteilen. Zwiebel ungeschält halbieren, mit den Schnittflächen in einer Pfanne ohne Fett rösten. Knochen, Suppengemüse, Pfeffer, Nelken, Wacholderbeeren und Thymian mit 2 l Wasser auffüllen, salzen und aufkochen. Zwiebel hineingeben. Fond bei milder Hitze 1 Stunde kochen. Dabei abschöpfen. Durch ein feines Sieb passieren.

Für die Würzpaste Knoblauch vierteln. Zimtstangen grob zerbröseln. Chilischote fein hacken. Knoblauch, Zimt, Chili, Pfeffer- und Pimentkörner, Kreuzkümmel und Oregano ohne Fett rösten, etwas abkühlen lassen, sehr fein pürieren. Gewürze mit Orangen- und Grapefruitsaft verrühren, beiseite stellen. Geflügelfond einmal aufkochen, Hitze zurückschalten. 1 TL Würzpaste einrühren.

Poulardenteile in den Fond legen, 45 Minuten garen. Nach 20 Minuten die Brustteile herausnehmen, warm halten. Rote Zwiebeln vierteln. In 2 EL Öl rundherum anbraten, dann im Ofen bei 175 Grad 5 Minuten rösten, beiseite stellen. Paprikaschoten und Peperoni halbieren, entkernen.

Das Tortillabrot kurz vor dem Servieren im Backofen bei 100 Grad 3 - 5 Minuten erwärmen.

Poulardenteile aus dem Fond nehmen, häuten. Alle Teile mit Würzpaste bestreichen. Im restlichen Öl sehr vorsichtig anbraten, damit die Paste nicht verbrennt.

Poulardenbrüste in Scheiben schneiden, mit den Keulen in vorgewärmte Suppenteller legen, mit wenig heißem Fond aufgießen, mit Schnittlauch bestreuen. Restliche Gewürzpaste, geröstete Zwiebeln, rohes Gemüse und das warme Tortillabrot zur Poularde servieren.

Marengo-Huhn

1 Poularde oder 2 Hähnchen
4 EL Olivenöl
3 Knoblauchzehen
Salz
Pfeffer
½ Bund Petersilie
½ Bund Schnittlauch
2 Schalotten
50 g Champignons
½ l Weißwein
1 EL Ketchup

Poularde oder Hähnchen ausnehmen und in nicht zu große Teile zerlegen. Öl in einem großen Schmortopf erhitzen. Eine Knoblauchzehe schälen und durch die Presse in den Topf drücken, Hühnerteile dazugeben, salzen, pfeffern. Hühnerteile ab und zu wenden, bis sie ringsum schön braun und gar sind. Das dauert ca. 30 - 45 Minuten.

In der Zwischenzeit Petersilie und Schnittlauch waschen und fein hacken, Schalotten und restliche Knoblauchzehen abziehen, Schalotten fein hacken, Knoblauch durch die Presse drücken, Champignons putzen und blättrig schneiden.

In einem kleinen Topf den Weißwein erhitzen, Kräuter, Schalotten, Knoblauch und Pilze dazugeben, das Ketchup unterrühren. 2 EL von dem Öl, in dem die Hühnerteile garen, abnehmen und in die Sauce geben, weitere 10 Minuten köcheln lassen.

Wenn die Hühnerteile gar sind, das restliche Öl abschütten, Sauce über das Fleisch gießen und noch ein paar Minuten ziehen lassen. Fleisch in eine Schüssel geben und sehr heiß servieren.

Gefüllte Ente

100 g Weißbrot ohne Rinde
1 Ente mit Leber
1 Zwiebel · 1 Ei
je 1 Msp. Rosmarin, Thymian und Bohnenkraut oder
1 TL Kräuter der Provence
2 Knoblauchzehen
Muskat
4 cl Cognac oder Armagnac
Salz · Pfeffer

Weißbrot einweichen, nach ca. 10 Minuten das Brot gut ausdrücken und in eine Schüssel geben. Entenleber fein hacken oder pürieren. Zwiebel schälen und fein würfeln.

Leber mit dem Brot, den Kräutern, dem Ei und der Zwiebel gut mischen. Knoblauch schälen und durch die Presse auf die Mischung drücken. Etwas Muskat darüberstreuen, mit Cognac übergießen. Füllung eine Stunde ruhen lassen.

Ente waschen, trockentupfen, innen und außen salzen und pfeffern. Füllung in die Ente geben, Öffnung fest verschließen. Die gefüllte Ente möglichst einen Tag kalt stellen.

Am nächsten Tag die Ente in einem großen Bräter im vorgeheizten Backofen bei ca. 250 Grad garen. Nach ca. einer Stunde Garzeit die Ente umdrehen und ab und zu mit etwas kaltem Wasser begießen. Eine weitere Stunde garen lassen. Zum Schluß die Ente herausnehmen und den Bratfond lösen. Nach Belieben eine Sauce zubereiten und zur Ente servieren.

Perlhuhn italienisch

2 Perlhühner (à 1 kg)
Salz · schwarzer Pfeffer
6 Zweige Thymian
200 g Backpflaumen
200 g kleine Zwiebeln
5 Knoblauchzehen
3 EL Öl
100 g Pinienkerne · 100 g gehäutete Mandeln
3 Gewürznelken
Schale einer halben unbehandelten Zitrone
3 Lorbeerblätter
100 ml Weißwein
250 ml Geflügelfond (aus dem Glas)
5 EL Olivenöl
1 kg Kartoffeln
6 Zweige Rosmarin

Die Perlhühner innen und außen salzen, pfeffern und mit je 3 Thymianzweigen füllen. Keulen mit Küchengarn zusammenbinden. Backpflaumen vierteln. Zwiebeln und Knoblauch pellen. Zusammen mit den Pinienkernen, Mandeln, Nelken, Zitronenschale, Backpflaumen und Lorbeer im Öl andünsten. Perlhühner mit der Brustseite nach oben daraufsetzen. Weißwein und Geflügelfond dazugießen.

Im Ofen bei 180 Grad ca. 1 Stunde schmoren. Dabei die Perlhühner ab und zu mit dem Bratfond begießen. 10 Minuten vor Ende der Garzeit 2 EL Olivenöl zugießen.

Kartoffeln in Salzwasser mit 2 Rosmarinzweigen gar kochen, abgießen, warm pellen. Restliche Rosmarinnadeln von den Stielen zupfen. Kartoffeln und Rosmarin im restlichen Olivenöl goldbraun braten. Mit Salz und Pfeffer würzen. Perlhühner zerteilen, im Bräter servieren. Kartoffeln dazureichen.

Hähnchen Hawaii

2 Hähnchen

2 Knoblauchzehen

Salz · Pfeffer

Paprika edelsüß

4 EL Öl

2 Bananen

Saft einer halben Zitrone

4 Pfirsichhälften (aus der Dose)

4 Scheiben Ananas (aus der Dose)

5 EL Schattenmorellen (aus dem Glas)

40 g Butter

50 g Mandelblättchen · 20 g Kokosraspel

Knoblauch pellen und vierteln. Innereien aus den Hähnchen nehmen, innen und außen kalt abwaschen, trockentupfen. Hähnchen innen mit Salz, Pfeffer und Paprika einreiben. Öl in einen Bräter geben, erhitzen, Hähnchen darin 5 Minuten von allen Seiten anbraten, Knoblauch dazugeben und in den auf 220 Grad vorgeheizten Ofen auf die untere Schiene stellen. Ca. 40 Minuten braten. Huhn öfter wenden und mit Bratfett überziehen.

In der Zwischenzeit die Bananen schälen, in Scheiben schneiden und in eine Schüssel legen. Mit Zitronensaft beträufeln. Pfirsichhälften, Ananasscheiben und Schattenmorellen abtropfen lassen.

Kurz bevor die Hähnchen gar sind, Butter in einer Pfanne erhitzen, darin die Bananenscheiben 5 Minuten goldbraun braten, warm stellen. Nacheinander die Pfirsichhälften, die Ananasscheiben und die Schattenmorellen im Fett kurz anbraten. Warm stellen. Zuletzt die Mandelblättchen in der Pfanne rösten.

Hähnchen auf einer vorgewärmten Platte anrichten. Obst ringsherum dekorativ verteilen. Mandelblättchen und Kokosraspel darüberstreuen.

Thai-Ente in Kokoscreme

400 g Entenbrust
2 Knoblauchzehen
1 Stengel frischer Koriander
Salz · Pfeffer
1 EL Sojasoße
1 EL Honig
16 Kirschtomaten
4 Zitronenblätter
300 g Ananas
3 EL Öl
1 EL rote Currypaste
400 ml Kokosmilch (aus der Dose)
2 - 3 EL Fischsoße
12 Basilikumblätter

Entenbrust kalt abbrausen, trockentupfen. Knoblauch abziehen, mit Koriander, Salz und Pfeffer im Mörser zerreiben. Mit Sojasoße und Honig verrühren. Fleisch rundum einreiben, zugedeckt eine Stunde marinieren.

Entenbrust auf dem Gitterrost mit der Hautseite nach oben 15 - 20 Minuten bei 200 Grad braten. Tomaten und Zitronenblätter waschen. Blätter kleinschneiden. Ananas vierteln, das Fruchtfleisch in kleine Stücke teilen. Fleisch in 3 cm lange, ½ cm breite Scheiben schneiden.

Öl im Wok oder ersatzweise in einer großen Pfanne erhitzen, Currypaste und 5 EL Kokosmilch zufügen, eine Minute köcheln. Fleisch, Ananas, Fischsoße, Zitronenblätter und restliche Kokosmilch unterrühren, 2 - 3 Minuten schmoren lassen. Zuletzt Tomaten und Basilikumblätter unterheben.

Asiatische Ingwer-Hähnchenschenkel

8 kleine Hähnchen-Unterschenkel

2 TL gelbe Currypaste · 1 Schalotte · 2 EL Öl

1 TL gehackter Ingwer · 2 Knoblauchzehen · 1 EL Sesamöl

Salz · 1 Prise Zucker

Die Haut von den Hähnchenschenkeln abziehen, mit 1 TL Currypaste einreiben, 30 Minuten marinieren. Schalotte und Knoblauch schälen und fein hacken, zusammen mit dem Ingwer im Öl anbraten, aus der Pfanne nehmen. Hähnchen anbraten. 1 TL Currypaste mit Sesamöl und 100 ml Wasser verrührt angießen. Mit Salz und Zucker würzen. Schalotte, Ingwer und Knoblauch wieder zugeben. Hähnchen zugedeckt 10 - 15 Minuten ziehen lassen. Dann sofort servieren.

Gefüllter Truthahn

250 g Champignons · 150 g Schinken

2 Zwiebeln · 3 Knoblauchzehen

125 g Reis · Salz · Pfeffer

1 EL Butter · 2 EL Ketchup · Thymian

1 Truthahn

Backofen auf 250 Grad vorheizen. Champignons putzen, in Scheiben schneiden. Zwiebeln und Knoblauch schälen und würfeln. Schinken in Würfel schneiden. Reis in Salzwasser garen. Butter in einer Pfanne heiß werden lassen, Zwiebelwürfel andünsten, Champignons, Knoblauch, Schinken und Ketchup zugeben. Mit Salz, Pfeffer und Thymian würzen. Gekochten Reis dazugeben, abkühlen lassen. Ausgenommenen Truthahn mit Salz einreiben, füllen und zunähen. In Alufolie eingewickelt ca. 2 ½ Stunden im Backofen garen.

Französisches Sonntagshuhn

3 l Wasser
250 g Karotten
250 g weiße Rüben
2 Stangen Lauch
500 g Rindfleisch
1 großes Huhn
1 Zwiebel
5 Nelken
1 Strauß Suppengrün
1 Markknochen
Salz
1 altbackenes Brötchen
50 g durchwachsener Räucherspeck
50 g roher Schinken
4 Knoblauchzehen
1 Bund Petersilie
1 Zweig Estragon
1 Schalotte
Pfeffer
1 Ei

Wasser in einem großen Suppentopf zum Kochen bringen. Gemüse waschen, putzen und nicht zu klein schneiden. Gemüse zusammen mit dem Rindfleisch und den Hühnerinnereien in das kochende Wasser geben. Zwiebel mit den Nelken spicken, zusammen mit dem Markknochen und dem Suppengrün in den Topf geben. Salzen und 2 Stunden kochen lassen.

Brötchen einweichen und ausdrücken. Speck und Schinken fein hacken. Zusammen mit dem ausgedrückten Brötchen in eine Schüssel geben, Knoblauchzehen pellen und durch die Presse auf das Brötchen drücken. Petersilie und Estragon fein hacken, Schalotte schälen und ebenfalls fein hacken. Alles mit dem Brötchen verkneten, salzen, pfeffern.

Zum Schluß mit dem Ei binden. Die Masse in das Huhn füllen, fest verschließen.

Nach 2 Stunden Kochzeit das Huhn zu dem Rindfleisch und dem Gemüse in den Topf geben und je nach Größe 1 - 2 Stunden kochen. Zum Servieren Fleisch und Huhn zusammen auf einer Platte anrichten.

Brühe zu einem anderen Zeitpunkt mit Einlage servieren.

Zigeunerhähnchen

2 Hähnchen
2 Zwiebeln
2 grüne Paprikaschoten
4 Stück Tomatenpaprika (aus dem Glas)
3 Knoblauchzehen
Salz · 1 TL Paprika rosenscharf
5 EL scharfes Ketchup oder Zigeunersauce
3 EL Öl

Hähnchen ausnehmen, waschen, trockentupfen, innen und außen mit Salz und Paprikapulver einreiben. Zwiebeln schälen, grob hacken, Paprikaschoten halbieren, waschen, weiße Teile und Kerne entfernen, würfeln, Tomatenpaprika ebenfalls würfeln, Knoblauch pellen und durch die Presse drücken.

Aus Zwiebeln, Knoblauch und Paprika eine Füllung zubereiten, Ketchup unterrühren, Hähnchen damit füllen und gut verschließen. Fett in einem Bräter erhitzen, Hähnchen dazugeben und anfangs zugedeckt, gegen Ende der Garzeit offen, im Backofen bei ca. 180 Grad 1 Stunde garen. Restliche Füllung mit in den Topf geben. Evtl. etwas Flüssigkeit aufgießen.

Zum Servieren die Füllung aus den Hähnchen nehmen, Huhn zerteilen und alles zusammen auf einer Platte hübsch anrichten.

Ente gebraten mit Chilisauce

(6 Portionen)

3 Entenbrüste

Salz · Pfeffer

Für die Sauce:

150 g Frühlingszwiebeln

30 g frischer Ingwer

2 Knoblauchzehen

1 Limette

200 g Asia-Chilisauce

100 ml Orangensaft

1 EL dunkles Sesamöl

½ Bund Koriandergrün

Backofen auf 200 Grad vorheizen. Evtl. vorhandene Sehnen an der Unterseite der Entenbrüste entfernen, die Haut mit einem scharfen Messer kreuzweise einschneiden, salzen und pfeffern. Eine Pfanne erhitzen und das Fleisch erst auf der Hautseite bei mittlerer Hitze im eigenen austretenden Fett 5 - 7 Minuten braten. Wenden und im Backofen auf der 1. Einschubleiste von unten 8 Minuten garen.

2 Minuten ruhen lassen, in dünne Scheiben schneiden, warm halten.

Für die Sauce Frühlingszwiebeln waschen, putzen und in dünne Scheiben schneiden. Ingwer schälen und reiben. Den Knoblauch pellen und durch die Presse drücken. Limette waschen, Schale abreiben, Saft auspressen. Alles zusammen mit der Chilisauce, Orangensaft und Sesamöl in einen Topf geben, zum Kochen bringen und 2 Minuten kochen lassen. Koriandergrün fein hacken und unter die Sauce mischen. Entenbrustscheiben mit der Sauce anrichten.

Wildente mit Rosmarin

2 Wildenten

Salz · Pfeffer

8 Zweige Thymian · 8 Zweige Salbei · 10 Zweige Rosmarin

5 EL Olivenöl

300 g Schalotten · 4 Knoblauchzehen

200 ml Weißwein · 300 ml Entenfond

300 g Cocktailtomaten

Ausgenommene Enten salzen und pfeffern. Jede Ente mit je 4 Thymian-, Salbei- und Rosmarinzweigen füllen. Keulen zusammenbinden. Enten außen mit je 1 EL Olivenöl einreiben. Auf ein Backblech legen und im Backofen bei 200 Grad auf der 3. Einschubleiste von unten 40 Minuten braten.

Schalotten und Knoblauch schälen, Schalotten halbieren, Knoblauch in Scheiben schneiden. Restliche Rosmarinnadeln fein hacken. Knoblauch in einem Bräter im restlichen Olivenöl hellbraun braten, Schalotten und Rosmarin dazugeben, Weißwein und Entenfond dazugießen.

Enten aus dem Backofen nehmen und in den Bräter setzen, 45 Minuten schmoren, ab und zu mit dem Schmorfond begießen.

Tomaten waschen, halbieren, in den letzten 10 Minuten der Garzeit mit in den Bräter geben. Pfeffern. Enten längs halbieren, jeweils ½ Wildente auf vier Tellern anrichten und mit dem Schalotten-Rosmarin-Fond anrichten.

Flambiertes Hähnchen

1 Hähnchen
3 EL Mehl
Salz
Muskatnuß
6 EL Öl
1 Sellerie
2 Zwiebeln
3 Knoblauchzehen
100 g gekochter Schinken im Stück
½ Lorbeerblatt
Thymian
4 Nelken
15 Silberzwiebeln (aus dem Glas)
150 g Champignons
2 cl Weinbrand
¼ l Rotwein
2 TL Speisestärke

Hähnchen unter kaltem Wasser innen und außen waschen, trockentupfen. Falls Sie ein tiefgefrorenes Hähnchen verwenden, muß dieses zuvor aufgetaut werden. Hähnchen in Portionsstücke zerteilen.

Das Mehl mit 1 - 2 TL Salz und geriebener Muskatnuß mischen, darin die Hähnchenteile wenden. Öl in einem Bräter erhitzen, Hähnchenteile darin von allen Seiten kräftig anbraten. Zwischendurch mit dem Fett begießen. Dann das Hähnchen aus dem Topf nehmen und warm stellen.

Sellerieknolle schälen, kalt abspülen und in dünne Scheiben schneiden. Zwiebeln schälen, würfeln, Knoblauch pellen und durch die Presse drücken. Alles zusammen in den Bräter geben und goldgelb braten.

Schinken würfeln, dazugeben, Lorbeerblatt, Thymian, Nelken, Silberzwiebeln und die geputzten, gewaschenen Champignons ebenfalls dazugeben. Alles zusammen 10 Minuten garen, Hähnchenstücke dann darauflegen, mit Weinbrand übergießen, anzünden und abbrennen lassen. Die Hälfte des Rotweins darübergießen. Zugedeckt in den auf 160 Grad vorgeheizten Ofen auf mittlerer Schiene stellen und ca. eine Stunde garen lassen.

Bräter aus dem Ofen nehmen, Lorbeerblatt und Nelken entfernen. Restlichen Wein mit Speisestärke verrühren, Sauce damit binden und noch einmal kurz aufkochen lassen, dann sofort servieren.

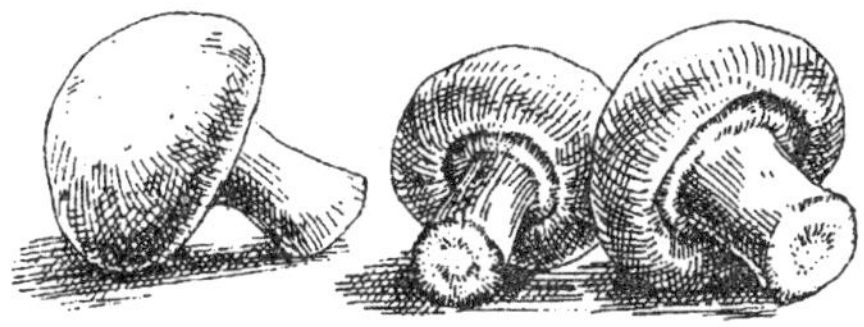

Allerlei Fleisch mit Knoblauch variiert

Kalbsschnitzel mit Cocktailtomaten

500 g Kalbsfilet
40 g Schalotten
2 Knoblauchzehen
200 g Pfifferlinge
300 g Cocktailtomaten
70 g Rauke
40 g durchwachsener Speck in Scheiben
Salz · Pfeffer
60 g Butter
2 EL Olivenöl
¼ l Weißwein · ½ l Kalbsfond oder heiße Brühe

Das Kalbsfilet in 12 gleich große Scheiben schneiden, leicht flach drücken. Schalotten und Knoblauch schälen, fein würfeln. Pfifferlinge putzen, große Pilze halbieren. Kirschtomaten mit einem Schnitt einritzen, überbrühen, abschrecken und häuten. Rauke putzen, Stiele entfernen, Blätter hacken. Speck in sehr feine Würfel schneiden, knusprig ausbraten und auf Küchenkrepp abtropfen lassen.

Kalbsschnitzel salzen und pfeffern. 20 g Butter und Olivenöl in einer großen Pfanne erhitzen, Schnitzel von beiden Seiten jeweils 2 Minuten darin anbraten, herausnehmen, warm halten.

Schalotten, Knoblauch und die Pfifferlinge im Bratfett anbraten, mit Weißwein ablöschen und sämig einkochen. Fond oder Brühe dazugießen, auf die Hälfte einkochen lassen. 40 g Butter, möglichst kalt, in Stücke schneiden und in die kochende Sauce rühren. Mit Salz und Pfeffer würzen. Rauke und Tomaten dazugeben. Sauce noch einmal erwärmen, nicht mehr kochen.

Je 3 Schnitzel auf Tellern anrichten, Sauce darübergeben, mit den Speckwürfeln bestreuen und servieren.

Lammgeschnetzeltes mit Zucchini und Rosmarin

600 g Lammkeule · 6 Knoblauchzehen · 500 g Zucchini
50 g Butterschmalz · 1 Zwiebel · 1 Zweig Rosmarin
50 ml heiße Brühe · 1 Becher Crème fraîche
Salz · Pfeffer · 1 EL Zitronensaft

Fleisch in Scheiben, dann in feine Streifen schneiden. Zucchini putzen, fein hobeln.

Butterschmalz in einer Pfanne erhitzen, Fleisch darin nach und nach anbraten, aus der Pfanne nehmen.

Zwiebel und Knoblauch schälen, fein hacken und zusammen mit den Rosmarinnadeln im Butterschmalz dünsten, bis die Zwiebel glasig ist. Zucchinistifte dazugeben und kurz mitbraten.

Bratenfond mit der Brühe lösen, Crème fraîche einrühren, Fleisch hineingeben, abschmecken und servieren.

Schweinefilet pikant

500 g Schweinefilet · 2 Knoblauchzehen · 4 EL Sojasoße
3 EL Sake (japanischer Reiswein) · 1 TL scharfe Chilisoße
1 TL Zucker · 2 Frühlingszwiebeln
4 EL Öl · 1 EL Speisestärke

Knoblauch schälen, durch die Presse drücken. Frühlingszwiebeln waschen, putzen,fein hacken. Das Schweinefilet in ½ cm dicke Scheiben schneiden. Aus Knoblauch, Sojasoße, Sake, Chilisoße, Zucker, Frühlingszwiebeln, 1 EL Öl und Speisestärke eine Marinade rühren, Fleisch hineinlegen und ca. 30 Minuten ziehen lassen. Das restliche Öl im Wok erhitzen. Das Fleisch darin von allen Seiten kräftig anbraten. Marinade dazugeben und nochmal kräftig durchschmoren.

Kalbsfilet mit Brokkoli

500 g Kalbsfilet
3 Lauchzwiebeln
5 Knoblauchzehen
5 EL Sojasoße
½ TL Salz · Pfeffer
500 g Brokkoli
5 EL Öl
etwas frische Petersilie

Vom Kalbsfilet evtl. vorhandene Haut entfernen, in dünne Scheiben schneiden. Lauchzwiebeln putzen und in Ringe schneiden, Knoblauch schälen, fein würfeln. Knoblauch, ein Drittel der Lauchringe, 3 EL Sojasoße und etwas Salz in einer Schüssel mischen, Fleisch darin mindestens 15 Minuten marinieren.

In der Zwischenzeit Brokkoli putzen, in Röschen teilen und in reichlich kochendem Salzwasser ca. 5 Minuten bißfest garen. Brokkoli herausnehmen, abtropfen lassen. Öl in einem Wok oder in einer großen Pfanne erhitzen, restliche Lauchringe darin anbraten, Fleisch mit der Marinade dazugeben, ca. 3 Minuten unter kräftigem Rühren weiterbraten. Fleisch herausnehmen, warm stellen.

Brokkoli in den Wok geben und ebenfalls unter Rühren bei mittlerer Hitze anbraten, mit der restlichen Sojasoße würzen. Evtl. ½ Tasse heißes Wasser zugießen und kurz aufkochen lassen.

Fleisch wieder in den Wok geben, gut mit dem Brokkoli mischen, noch einmal erhitzen und abschmecken. Petersilie waschen, trockentupfen, grob hacken, Fleisch damit bestreuen und servieren.

Knoblauchhackbraten

800 g gemischtes Hackfleisch

1 Brötchen

6 Knoblauchzehen · 1 Zwiebel

1 Bund glatte Petersilie

100 g Butter

2 Eier

Salz · Pfeffer

1 EL Ketchup · 1 TL scharfer Senf

Brot in kaltem Wasser einweichen, ausdrücken. Petersilie waschen und gut trockentupfen. Zwiebel und Knoblauch schälen, zusammen mit der Petersilie fein hacken, in 50 g Butter glasig dünsten.

Backofen auf 175 Grad vorheizen. Hackfleisch in einer Schüssel mit den Eiern, dem Brot, Salz und Pfeffer, Ketchup, Senf und Zwiebelmischung gut verkneten und würzig abschmecken.

Eine Kastenform von ca. 25 Länge mit etwas Öl einstreichen. Hackfleischmasse hineinstreichen. Auf der mittleren Einschubleiste des Backofens in ca. 2 Stunden langsam backen.

Restliche Butter zerlassen und den Hackbraten zwischendurch damit bestreichen. Zum Servieren den Hackbraten aus der Form nehmen und in Scheiben schneiden.

Hasen-Stifado

(8 - 10 Portionen)

500 g Zwiebeln

6 Knoblauchzehen

8 EL Olivenöl

3 EL Ketchup

6 Lorbeerblätter

1 Bund Thymian

400 ml Wildfond

2 EL Balsamessig

Salz · Pfeffer

750 g Hasenrückenfilets oder Hauskaninchenfilets

Zwiebeln schälen, halbieren und in 3 mm dünne Scheiben schneiden. Knoblauch pellen und in hauchdünne Scheibchen schneiden. 4 EL Olivenöl in einem Topf erhitzen. Zwiebeln und Knoblauch zugeben und 1 - 2 Minuten dünsten. Ketchup, 3 Lorbeerblätter und 2 Zweige Thymian zugeben und mit Wildfond ablöschen. ¾ l Wasser dazugießen und 30 Minuten bei kleiner bis mittlerer Hitze auf die Hälfte einkochen lassen. Vom Herd nehmen und mit Balsamessig, Salz und Pfeffer würzen.

Kurz vor dem Servieren Hasenrückenfilets schräg in 1 cm dicke Scheiben schneiden. Restliches Olivenöl in einer Pfanne stark erhitzen. Fleisch kräftig pfeffern. Zwiebelfond erhitzen. Fleisch in die sehr heiße Pfanne geben, ca. 2 Minuten braten, dann wenden und noch einmal 2 Minuten braten, mit Salz würzen.

Das Fleisch umgehend in den Zwiebelfond geben, vom Herd nehmen, salzen und pfeffern und mit restlichem Lorbeer und Thymian garniert servieren.

Spareribs

1,5 kg Spareribs
150 g Bienenhonig · 300 ml Ketchup
8 Knoblauchzehen · 1 TL Salz
1 EL Paprika scharf · 1 EL Currypulver · 1 TL Pfeffer
je 1 TL getrockneter Majoran, Thymian und Rosmarin
2 EL Essig · 4 EL Zitronensaft · 4 EL Cognac

Für den Frischkäse-Dip:
100 g Frischkäse
2 EL Sahne · 2 EL Joghurt
1 EL Kapern · 1 Gewürzgurke
1 TL feingehackte Petersilie
1 TL feingehackter Schnittlauch
3 Knoblauchzehen
Salz · Pfeffer

Die Spareribs salzen, pfeffern und auf dem heißen Grill bei kleiner Glut anbräunen.

Honig und Ketchup gut verrühren. Knoblauch pellen und durch die Presse drücken, alle übrigen Zutaten mit dem Knoblauch mischen, gut durchrühren.

Mit dieser Marinade das Fleisch während des Grillens so oft wie möglich und möglichst dünn einstreichen, bis sich eine Kruste um das Fleisch gebildet hat. Heiß servieren, Frischkäse-Dip dazu reichen.

Für den Dip den Frischkäse mit Sahne und Joghurt glattrühren. Knoblauch schälen, durch die Presse drücken, dazugeben. Kapern und Gurke klein schneiden. Alle Zutaten mit dem Frischkäse gut mischen, mit Salz und Pfeffer abschmecken.

Geschmorte Lammschulter mit Rotwein

(10 - 12 Portionen)

6 Schalotten

4 Knoblauchzehen

4 EL Olivenöl

1 Lammschulter

1 Zweig Rosmarin

1 Zweig Thymian

150 ml trockener Rotwein

200 ml Lammfond

Salz · Pfeffer

1 TL Butter

1 TL Mehl

Schalotten pellen und halbieren, Knoblauchzehen pellen. Backofen auf 160 Grad vorheizen.

Öl in einem Bräter erhitzen, Lammschulter darin von allen Seiten anbraten und aus dem Topf nehmen. Schalotten und Knoblauch ebenso andünsten. Rosmarin und Thymian zugeben, mit Rotwein und Lammfond auffüllen.

Lammschulter salzen und pfeffern, mit der runden Seite nach oben in den Topf geben. Im offenen Topf auf der untersten Einschubleiste 30 Minuten schmoren.

Butter und Mehl mischen.

Lammschulter aus dem Topf nehmen, auf eine Fettpfanne legen und im ausgeschalteten Ofen warm halten.

Rotweinsud durch ein Sieb gießen, die Schalotten und den Knoblauch mit einem Spatel durch das Sieb in den Fond streichen.

Bei mittlerer Hitze aufkochen lassen und mit Mehlbutter binden. 2 - 3 Minuten kochen. Lammschulter mit der Sauce servieren.

Knoblauchsteak auf Rucola

50 g Rucola
600 g Steak aus der Hochrippe
Salz
Pfeffer
7 EL Öl
4 Knoblauchzehen
2 Zweige Thymian
40 ml Balsamessig
100 ml Rotwein

Rucola putzen, waschen, trockenschleudern. Steaks salzen und pfeffern. 2 EL Öl in einer Grillpfanne erhitzen, Fleisch von jeder Seite 2 Minuten grillen, dann in ½ cm dünne Streifen schneiden.

Knoblauchzehen pellen und in feine Scheiben schneiden. Weitere 2 EL Öl in die Pfanne geben und die Fleischstreifen 1 - 2 Minuten darin weiterbraten, dann aus der Pfanne nehmen. Knoblauch und Thymian kurz in derselben Pfanne andünsten, Balsamessig und Rotwein dazugießen, pfeffern, salzen und etwas einkochen lassen. Den Thymianzweig entfernen.

Rucola mit dem restlichen Öl auf vier Tellern anrichten. Fleisch noch einmal kurz in die Pfanne geben, dann auf dem Salat anrichten.

T-bone-Steak mit Tomatenragout

1 Zwiebel

200 g weiße Champignons

3 Knoblauchzehen

1 rote Chilischote

150 g getrocknete Tomaten (in Öl)

8 EL Olivenöl

4 T-bone-Steaks

Salz · Pfeffer

½ Bund Basilikum

Zwiebel schälen und in Würfel schneiden. Champignons putzen, waschen und in Scheiben schneiden. Knoblauchzehen pellen und durch die Presse drücken, Chilischote halbieren, entkernen und fein hacken. Tomaten gut abtropfen lassen und zerteilen.

Zwiebelwürfel in 4 EL Olivenöl bei mittlerer Hitze andünsten. Champignonscheiben, Knoblauch und Chili zugeben und 2 - 3 Minuten dünsten. Tomaten dazugeben und vom Herd nehmen.

Die T-bone-Steaks in dem restlichen Öl anbraten und von jeder Seite 6 -7 Minuten weiterbraten. Pfeffern und warm stellen.

Die Hälfte des Basilikums fein schneiden und unter das Tomatenragout heben, mit Salz abschmecken.

T-bone-Steaks mit dem Tomatenragout anrichten, mit restlichen Basilikumblättchen garniert servieren.

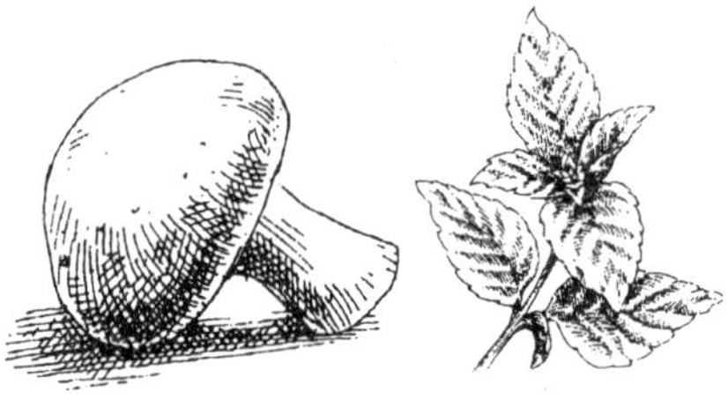

Fächerbraten

2 Zucchini
3 Möhren
500 g Schweinenacken
100 g durchwachsener Speck in Scheiben
2 EL Öl
2 Knoblauchzehen
2 TL Kräuter der Provence
4 gestr. EL MONDAMIN Soßenbinder, dunkel
Salz
Pfeffer
Rosmarin
Petersilie

Zucchini und Möhren putzen, waschen und längs in Scheiben schneiden. 4 tiefe Einschnitte (Fächer) in das Fleisch schneiden. Einen Teil der Zucchini- und Möhrenscheiben in die Fächer schichten. Fleisch mit Speckscheiben belegen und mit Küchengarn umrollen. Fleisch in heißem Öl anbraten, etwas Wasser dazugießen und aufkochen lassen.

Knoblauch schälen, fein hacken und zusammen mit den Kräutern der Provence zum Braten geben. Bei schwacher Hitze im geschlossenen Topf 90 Minuten garen. Fleisch von Zeit zu Zeit wenden. Evtl. etwas Wasser dazugießen.

Fächerbraten herausnehmen und warm stellen. Bratenfond mit Wasser auf ⅜ l auffüllen, Soßenbinder einrühren, 1 Minute kochen lassen. Mit Salz und Pfeffer abschmecken.

Restliche Möhren- und Zucchinistreifen in Stifte schneiden, in etwas Öl andünsten, mit Salz, Pfeffer, Rosmarin und Petersilie abschmecken. Mit Salzkartoffeln zum Braten servieren.

Schweinerollbraten mit Sonnenblumen-Kräuter-Füllung

(8 Portionen)

2 kg Schweinenacken

Salz ·Pfeffer

200 g Sonnenblumenkerne

je 1 Bund frische Petersilie und Majoran

3 Knoblauchzehen

100 g geriebener Parmesankäse

⅛ l Fleischbrühe

1 Zwiebel

1 Möhre

Die Knochen vom Metzger auslösen lassen und für die Sauce mitnehmen. Fleisch waagerecht so tief einschneiden, daß man es auseinanderklappen kann. Rundherum mit Salz und Pfeffer einreiben.

125 g Sonnenblumenkerne, Kräuter und den geschälten Knoblauch im Mixer zerkleinern. Mit dem Käse und 6 EL Brühe zu einer streichfähigen Paste mischen. Etwa drei Viertel der Paste auf dem Fleisch verteilen. Fleisch aufrollen und mit Küchengarn zum Rollbraten binden. Mit den Knochen, der restlichen Brühe, der geschälten Zwiebel und der Möhre in einen Schmortopf legen. Topf schließen. Fleisch im vorgeheizten Backofen bei 250 Grad 15 Minuten schmoren, dann im offenen Topf bei 180 Grad in etwa 90 Minuten weich garen.

Ofen wieder auf 200 Grad schalten. Braten mit der restlichen Paste bestreichen und 15 Minuten überbacken. Sauce nach Wunsch entfetten.

Restliche Sonnenblumenkerne in einer Pfanne ohne Fett rösten. Rollbraten damit bestreuen. Kartoffelklöße und gemischten Salat dazu reichen.

Rinderrouladen pikant

4 Rinderrouladen
2 Scheiben würziger Schnittkäse
1 Zwiebel
2 EL Ketchup
3 Knoblauchzehen
1 EL Bratensauce oder 1 Würfel
¼ l trockener Rotwein
½ Bund Petersilie
⅛ l Fleischbrühe
4 EL Öl · 3 EL Sahne
Salz · Cayennepfeffer · Thymian

Rouladen ausbreiten, mit Cayennepfeffer bestreuen, mit Ketchup bestreichen und mit einer halben Scheibe Käse belegen. Zwiebel und Knoblauch schälen und fein hacken, ebenso die Petersilie. Alles mischen und einen Teil davon auf die Rouladen streichen.

Rouladen aufrollen und mit einer Rouladenklammer oder Küchengarn fixieren. Im heißen Öl von allen Seiten kräftig anbraten, restliche Zwiebel-Knoblauch-Petersilie-Mischung dazugeben und mit Fleischbrühe aufgießen. Einmal kräftig aufkochen lassen, dann das restliche Ketchup und die Bratensauce einrühren. Mit Salz, Pfeffer und Thymian abschmecken. Rotwein zugeben und zugedeckt eine Stunde schmoren lassen.

Kurz vor dem Servieren Sahne zugeben und noch einmal abschmecken.

Rinderfilet mit Käse-Schnittlauch-Sauce

⅛ l trockener Weißwein
1 Zwiebel
2 Knoblauchzehen
8 Pfefferkörner
400 g Rinderfilet
600 g Brokkoli
Salz
150 g Schlagsahne
1 TL mittelscharfer Senf
75 g Edelpilzkäse
Pfeffer
1 Bund Schnittlauch
20 g Butter
1 EL Sonnenblumenkerne

⅛ l Wasser und den Wein in einen Topf geben. Zwiebel und Knoblauch schälen, Zwiebel vierteln, Knoblauch halbieren. Beides mit den Pfefferkörnern in die Wasser-Wein-Mischung geben und alles zum Kochen bringen.

Rinderfilet auf einen Siebeinsatz legen, 15 - 20 Minuten im Dampf garen.

Brokkoli waschen, putzen und in leicht gesalzenem Wasser ca. 8 Minuten garen. Rinderfilet auf einen Teller geben und mit Alufolie abdecken.

Sud durchsieben und auf die Hälfte einkochen lassen. Sahne, Senf und den in kleine Würfel geschnittenen Edelpilzkäse einrühren. Cremig einkochen lassen. Mit reichlich frischgemahlenem Pfeffer abschmecken. Den Schnittlauch schneiden und unter die Sauce rühren. Brokkoli abgießen und in der Butter schwenken. Sonnenblumenkerne rösten und zufügen.

Rinderfilet in Scheiben schneiden und servieren.

Türkische Lammspieße mit Joghurtsauce

(12 Spieße)

1,2 kg Lammkeule

6 Knoblauchzehen

5 Stengel Oregano · 1 Bund Minze

10 EL Olivenöl

Pfeffer

½ Bund Petersilie

3 TL Zitronensaft

800 g griechischer Joghurt

Salz

250 g Cocktailtomaten · 2 Paprikaschoten

12 Schalotten

Fleisch kalt abbrausen und mit Küchenkrepp trockentupfen. Quer zur Faser in etwa 6 cm lange Streifen schneiden.

3 Knoblauchzehen schälen, durch die Presse drücken. Oregano und die Hälfte der Minze waschen, trockentupfen. Blätter fein hacken. In einer Schüssel Gewürze und Fleisch mit 6 EL Öl und Pfeffer mischen. Zugedeckt über Nacht im Kühlschrank marinieren.

Petersilie und restliche Minze waschen, trockentupfen, Blätter fein hacken. Restlichen Knoblauch schälen, durch die Presse drücken. Alles mit dem restlichen Öl und Zitronensaft unter den Joghurt rühren. Mit Salz und Pfeffer abschmecken.

Gemüse waschen, mit Küchenkrepp trockentupfen. Stielansätze der Tomaten entfernen, Paprika halbieren, Kerne und weiße Teile entfernen, das Fruchtfleisch in Quadrate schneiden. Schalotten schälen und halbieren.

Lammfleisch wellenförmig abwechselnd mit dem Gemüse auf Spieße stecken. 15 Minuten rundum grillen. Salzen und pfeffern und mit der Joghurtsauce servieren.

Schweinefilets in Rotwein

4 Scheiben Schweinefilet

150 durchwachsener Speck

3 Zwiebeln

4 Knoblauchzehen

125 g Champignons

¼ l trockener Rotwein

1 EL Soßenbinder, braun

2 EL saure Sahne

3 EL Öl

Salz · Pfeffer

Thymian

2 EL gehackte Petersilie

Zwiebel schälen und in Ringe schneiden. Speck und Fleisch würfeln. Öl erhitzen, alles darin anbraten. Knoblauch pellen, durch die Presse drücken und hinzufügen, ca. 2 Minuten mitbraten.

Wenn das Fleisch knusprig braun gebraten ist, mit Rotwein ablöschen und mit Salz, Pfeffer und Thymian kräftig abschmecken. Soßenbinder einrühren, 30 Minuten köcheln lassen.

Champignons putzen und feinblättrig schneiden, kurz vor dem Ende der Garzeit hinzufügen und noch ca. 15 Minuten durchziehen lassen.

Mit saurer Sahne binden. Abschmecken und mit gehackter Petersilie bestreut servieren.

Osso Bucco

4 dicke Scheiben Kalbshaxe
2 Zwiebeln
2 Möhren
1 Stange Lauch
½ Sellerieknolle
3 Knoblauchzehen
1 Dose italienische Tomaten
¼ l trockener Weißwein
¼ l Fleischbrühe
3 EL Olivenöl
Basilikum · Thymian
Salz · Pfeffer · 2 EL gehackte Petersilie

Fleisch mit einer halbierten Knoblauchzehe einreiben, mit Salz und Pfeffer würzen. Öl erhitzen und die Fleischscheiben von allen Seiten darin anbraten, warm stellen.

Zwiebeln schälen, Möhren und Sellerie putzen, alles würfeln, Lauch in Ringe schneiden. Das Gemüse zusammen im Bratfett andünsten.

Knoblauch pellen und durch die Presse drücken, zum Gemüse geben. Tomaten hinzufügen. Mit heißer Brühe und Wein ablöschen. Mit den Gewürzen kräftig abschmecken, Fleischstücke hinzufügen und ca. eine Stunde zugedeckt garen, bis das Fleisch weich ist. Mit Petersilie bestreut servieren.

Lammrollbraten

1 kg Lammbrust ohne Knochen
¼ TL Gewürzsalz
2 Knoblauchzehen
Pfeffer
1 TL Paprika edelsüß
1 TL Majoran
200 g durchwachsener Speck
2 grüne Paprikaschoten
6 EL Öl
2 Zwiebeln
2 Tomaten
⅛ l heiße Fleischbrühe
⅛ l Rotwein
3 EL Sahne
1 Eigelb
Salz
1 Bund Dill

Lammbrust unter kaltem Wasser abspülen, mit Küchenkrepp trockentupfen. Knoblauch pellen, durch die Presse drücken. Obere Seite der Lammbrust mit Gewürzsalz, Pfeffer, Paprika, Majoran und Knoblauch einreiben. Speck in dünne Streifen schneiden und darauflegen. Paprikaschoten waschen, halbieren, weiße Teile und Kerne entfernen, in Streifen schneiden und ebenfalls auf der Brust verteilen. Fleisch aufrollen und mit Küchengarn umwickeln.

Öl in einem Bräter erhitzen, Fleisch darin rundherum kräftig anbraten. Zwiebeln schälen, vierteln und zu dem Braten geben. Tomaten überbrühen, abziehen, Stengelansätze und Kerne entfernen, kleinschneiden und zum Fleisch geben. Fleischbrühe und Rotwein angießen, zugedeckt 60 Minuten schmoren.

Fleisch aus dem Bräter nehmen, Küchengarn entfernen, warm stellen. Bratfond durch ein Sieb in einen Topf geben,

Sahne hineinrühren, Eigelb mit etwas Sauce verquirlen und die Sauce damit binden. Salzen und pfeffern. Dill abspülen trockentupfen, Lammbrust damit garnieren. Sauce separat zum Fleisch servieren.

Lamm-Medaillons gebacken

2 Lammrücken
Öl · Salz · Pfeffer
100 g Butterschmalz
5 Knoblauchzehen
2 EL Sahne
4 Eier
120 g Paniermehl
1 TL getrockneter Thymian
½ TL getrockneter Rosmarin

Aus den Lammrücken je 4 Medaillons schneiden, in einem aufgeschlitzten und mit wenig Öl beträufelten Gefrierbeutel nicht zu dünn klopfen, mit Salz und Pfeffer würzen. Knoblauch pellen und fein hacken.

1 EL Butterschmalz im Topf schmelzen lassen, Knoblauch darin glasig dünsten, restliches Butterschmalz dazugeben.

Inzwischen die Medaillons panieren: Sahne schlagen, mit den Eiern verquirlen, in eine Schüssel geben. Auf einem Teller Paniermehl mit gehacktem Thymian und Rosmarin mischen. Medaillons mit der Gabel erst durch das Ei ziehen, dann fest ins Paniermehl drücken.

Knoblauch-Butterschmalz durch ein Sieb in eine Pfanne gießen und nicht zu stark erhitzen. Medaillons bei nicht zu starker Hitze darin von beiden Seiten goldgelb braten. Mit Kroketten servieren.

Hammelbraten nach Großmutters Art

750 g Hammelfleisch von Bug oder Schlegel
Salz · Pfeffer
abgeriebene Schale einer halben Zitrone
2 TL Senf
40 g Schweineschmalz
1 Zwiebel · 3 Knoblauchzehen
1 Bund Suppengrün
¼ l heißes Wasser
etwas Thymian · 3 Wacholderbeeren
1 Becher saure Sahne
2 TL Speisestärke

Hammelfleisch abspülen, mit Küchenkrepp trockentupfen. Salz, Pfeffer und abgeriebene Zitronenschale mischen, Fleisch damit rundherum einreiben, mit Senf bestreichen. Schweineschmalz in einem Bräter stark erhitzen, Fleisch darin von allen Seiten 5 Minuten anbraten.

Backofen auf 200 Grad vorheizen. Zwiebel und Knoblauch schälen, beides fein hacken und in den Topf geben. Suppengrün waschen, trocknen und grob hacken, zum Fleisch geben. 5 Minuten anbraten, nach und nach heißes Wasser zugießen, Thymian und Wacholderbeeren dazugeben.

Bräter für 90 Minuten auf die mittlere Schiene des Backofens stellen, zwischendurch das Fleisch mit dem Fond begießen. Fleisch herausnehmen, in Scheiben schneiden, auf einer vorgewärmten Platte warm halten.

Bratfond loskochen, in einen Topf geben, saure Sahne unterrühren, gut durchkochen, durch ein Sieb passieren. Speisestärke mit etwas Wasser verquirlen und die Sauce damit binden, noch einmal aufkochen lassen, abschmecken und separat zum Fleisch reichen.

Böhmischer Rostbraten

4 Scheiben Rostbraten
Salz
Pfeffer
¼ TL gemahlener Kümmel
¼ TL Basilikum
¼ TL Rosmarin
¼ TL Majoran
60 g Butterschmalz
2 Knoblauchzehen
1 EL Mehl · ⅛ l Wasser
4 EL saure Sahne

Fleisch mit Küchenkrepp trockentupfen, etwas flach klopfen, Fettrand mehrfach einschneiden, damit sich das Fleisch beim Braten nicht zusammenzieht. Mit Salz, Pfeffer, Kümmel, Basilikum, Rosmarin und Majoran würzen.

Butterschmalz in einer Pfanne stark erhitzen, Fleisch darin von jeder Seite 2 Minuten anbraten. Den Knoblauch schälen, durch die Presse drücken und das Fleisch damit gleichmäßig bestreichen, Mehl darüberstreuen, mit Wasser ablöschen, saure Sahne unterheben.

Von jeder Seite weitere 6 Minuten braten, dann sofort servieren. In Böhmen gibt es dazu Klöße.

Ochsenschwanzragout

1 Ochsenschwanz (ca. 850 g)
20 g Mehl
50 g Butterschmalz
3/8 l heißes Wasser
2 Zwiebeln
5 Tomaten
5 EL Tomatensaft
1 EL Paprika edelsüß
1 TL Thymian
Salz

Für die Beize:
1 Möhre
1 Zwiebel
2 Knoblauchzehen
1 EL Wacholderbeeren
2 EL Liebstöckel
1 TL Majoran
5 Pfefferkörner · Salz
½ Bund Petersilie
2 EL Essig
¾ l Rotwein

Ochsenschwanz vom Metzger in Stücke teilen lassen, unter kaltem Wasser abspülen und mit Küchenkrepp gut trockentupfen.

Für die Beize Möhre schälen, waschen, abtropfen lassen, fein würfeln. Zwiebeln und Knoblauch schälen, ebenfalls fein würfeln, alles zusammen mit Wacholderbeeren, Liebstöckel, Majoran, Pfefferkörnern und Salz in eine Schüssel geben. Petersilie abspülen, trockentupfen, fein hacken, ebenfalls in die Schüssel geben. Essig und Rotwein dazugießen, Fleisch hineinlegen, zugedeckt über Nacht ziehen lassen.

Am nächsten Tag Fleischstücke herausnehmen, etwas abtrocknen, in Mehl wenden. Beize wegschütten. Butterschmalz in einem Topf erhitzen, Ochsenschwanzstücke darin 10 Minuten von allen Seiten anbraten, heißes Wasser angießen.

Zwiebel schälen, fein hacken. Tomaten überbrühen, abziehen, Stielansätze und Kerne entfernen, grob würfeln. Zwiebeln und Tomaten mit dem Tomatensaft, Paprika, Thymian und Salz in den Topf geben. 70 Minuten zugedeckt schmoren. Abschmecken und in einer vorgewärmten Schüssel servieren.

Ungarisches Gulasch

800 g Rindfleisch

500 g Zwiebeln

3 Knoblauchzehen

70 g Schweineschmalz

Salz · 2 EL Paprika edelsüß

1 l heißes Wasser

½ Bund Petersilie

Fleisch in ca. 3 cm große Würfel schneiden, Schmalz in einem Topf erhitzen, Fleisch darin 10 Minuten anbraten. In der Zwischenzeit Zwiebeln und Knoblauch schälen, Zwiebeln fein hacken, Knoblauch durch die Presse drücken, beides zum Fleisch geben und weitere 10 Minuten schmoren.

Salz und Paprika dazugeben, ¼ l Wasser angießen. In ca. 90 Minuten zugedeckt weich schmoren, nach und nach das restliche Wasser zugießen, umrühren.

Wenn das Fleisch gar ist, muß die Sauce sämig eingekocht sein. Gulasch in eine vorgewärmte Schüssel geben, mit Petersilie garniert servieren.

Schweinekarree

(6 Portionen)

1 Schweinekarree (Rippenstück) von 1600 g

5 Knoblauchzehen

Salz · Pfeffer

3 Lorbeerblätter · 1 TL Thymian

50 g Butterschmalz

1 EL Senf

½ l heißes Wasser

1 TL Speisestärke

Backofen auf 200 Grad vorheizen. Fleisch abspülen, mit Küchenkrepp trockentupfen. Knoblauchzehen schälen, vierteln. Mit einer Spicknadel Löcher in das Fleisch bohren, Knoblauchstifte hineinstecken.

Salz und Gewürze gut zerreiben. Butter und Senf in einer Schüssel mit den Gewürzen mischen. Fleisch damit bestreichen, auf den Bratenrost legen. Auf die mittlere Schiene des Backofens schieben. Fettpfanne mit Wasser darunterschieben. 75 Minuten garen, hin und wieder mit dem Bratensaft begießen.

Nach der Garzeit die Knoblauchstifte herausziehen. Fleisch von den Knochen lösen und in fingerbreite Scheiben schneiden, auf einer vorgewärmten Platte anrichten und warm stellen.

Bratenfond in einen Topf geben, Speisestärke mit wenig Wasser anrühren, im Fond aufkochen. Sauce abschmecken, etwas davon über das Fleisch gießen. Restliche Sauce separat dazu servieren.

Kalbfleisch in Pfeffersauce

1 kg Kalbfleisch
150 g durchwachsener Speck
Salz · Pfeffer
1 Zwiebel
2 Knoblauchzehen
1 grüne Paprikaschote
abgeriebene Schale und Saft
einer halben unbehandelten Zitrone
12 Pfefferkörner
¼ l heiße Fleischbrühe
¼ l saure Sahne
2 EL Mehl
2 Tomaten
½ Bund Petersilie

Kalbfleisch abspülen, mit Küchenkrepp trockentupfen. Zwei Drittel des Specks in 1 cm dicke Streifen schneiden, das Fleisch damit mit Hilfe einer Spicknadel spicken. Mit Salz und Pfeffer würzen.

Restlichen Speck würfeln, in einem Topf auslassen und das Fleisch darin von allen Seiten 10 Minuten anbraten.

Zwiebel schälen, würfeln. Knoblauch pellen und durch die Presse drücken, Paprikaschote waschen, halbieren, die weißen Teile und Kerne entfernen, in Streifen schneiden, Pfefferkörner zerstoßen, alles mit der Zitronenschale und dem Zitronensaft in den Topf geben. Fleischbrühe zugießen und zugedeckt 90 Minuten schmoren.

Fleisch aus dem Topf nehmen, in Scheiben schneiden, warm stellen.

Saure Sahne mit Mehl glattrühren, Bratenfond damit binden, abschmecken. Fleisch mit der Sauce übergießen. Tomaten vierteln. Das Fleisch mit Tomaten und Petersilie garniert servieren.

Lammkoteletts mit Speckbohnenröllchen

12 Lammkoteletts
3 Knoblauchzehen
2 TL grober Pfeffer
2 TL Rosmarinnadeln
2 TL Thymian
6 Wacholderbeeren
¼ l Öl
¼ l Rotwein
80 g Butter

Für die Speckbohnenröllchen:
500 g feine Bohnen
8 Scheiben Bacon
60 g Butter
1 Bund Bohnenkraut
¼ l heiße Brühe
Salz
Pfeffer

Koteletts in eine flache Schale legen. Knoblauch schälen, durch die Presse drücken. Wacholderbeeren zerdrücken. Öl mit allen Gewürzen mischen, über das Fleisch geben und einige Stunden kühl stellen.

Bohnen putzen, in reichlich kochendem Salzwasser bißfest garen, abtropfen lassen. In 8 gleiche Teile bündeln und fest mit den Baconscheiben umwickeln. Mit Zahnstochern feststecken.

Butter in einer Pfanne erhitzen, Bohnenröllchen darin anschwitzen, mit Salz und Pfeffer würzen, mit Brühe ablöschen. Bohnenkraut waschen, trockentupfen, Blättchen abzupfen und fein hacken, über die Bohnenröllchen streuen und zugedeckt 5 Minuten dünsten.

Lammkoteletts aus der Marinade nehmen und in einer heißen Pfanne von beiden Seiten knusprig braten, salzen. Koteletts aus der Pfanne nehmen, warmstellen.

Bratensatz mit ⅛ l Rotwein ablöschen, zur Hälfte einkochen, mit der Butter binden, nicht mehr kochen lassen.

Jeweils 3 Koteletts und 2 Bohnenröllchen auf Tellern anrichten und – evtl. mit Röstkartoffeln – servieren.

Salbeikaninchen

1 Kaninchen (ca. 2 kg, küchenfertig)

5 Knoblauchzehen

Salz · Pfeffer

6 EL Olivenöl

4 EL scharfer Senf

2 Zwiebeln

200 ml Rinderfond oder heiße Brühe

5 frische Salbeiblätter

Kaninchen kurz unter fließendem kalten Wasser abspülen, mit Küchenkrepp trockentupfen, in 6 Stücke teilen. Mit Salz und Pfeffer einreiben.

Olivenöl in einem Bräter erhitzen, Fleischstücke darin von allen Seiten kräftig anbraten, aus dem Öl nehmen und mit Senf bestreichen.

Zwiebeln und Knoblauch schälen, fein hacken, im Bratenfond glasig dünsten.

Fleisch wieder in den Topf geben, die Hälfte der Brühe angießen, zugedeckt ca. 30 Minuten garen. Restliche Brühe nach und nach zugießen. Fleisch herausnehmen und auf einer vorgewärmten Platte anrichten, warm stellen.

Salbeiblättchen fein hacken. Sauce etwas einkochen lassen, abschmecken und Salbei hinzufügen. Wenig Sauce über die Kaninchenteile gießen, den Rest separat dazu servieren.

Lammragout

750 g Lammschulter
6 Knoblauchzehen
4 EL Öl · 50 g Butter
400 g Schalotten
2 Möhren
2 Stangen Staudensellerie
1 Zweig Rosmarin · 1 Lorbeerblatt
Salz · Pfeffer
3/8 l heiße Fleischbrühe
2 TL Ketchup · 1/8 l Rotwein
1/2 Bund glatte Petersilie

Fleisch in walnußgroße Würfel schneiden. Öl in einem Bräter erhitzen, Fleisch darin bei großer Hitze von allen Seiten anbraten.

Schalotten schälen und fein würfeln. Knoblauch pellen, fein hacken. Möhren schälen und würfeln. In einer Pfanne die Butter zerlassen, Schalotten, Knoblauch und Möhren 3 Minuten darin andünsten, alles zum Fleisch geben.

Staudensellerie putzen, in Ringe teilen, zusammen mit den Gewürzen, der Brühe und dem Ketchup ebenfalls zum Fleisch geben. Zugedeckt ca. eine Stunde schmoren lassen, ab und zu umrühren.

10 Minuten vor Ende der Garzeit den Rotwein zugießen. Ragout abschmecken, Rosmarin und Lorbeer entfernen. Petersilie waschen, trockentupfen, grob hacken. Zum Servieren die Petersilie über das Fleisch streuen.

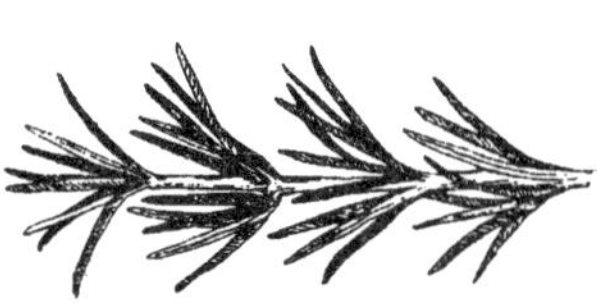

Ungarischer Lammbraten

1 kg Lammschulter ohne Knochen
8 Knoblauchzehen
Salz · Pfeffer
5 EL Öl
2 Zwiebeln · 4 grüne Paprikaschoten
½ TL Zucker
2 Eigelb · 2 EL Sahne
Paprika edelsüß · 2 TL Estragon
2 TL Zitronensaft · 1 Becher saure Sahne

Lammfleisch unter fließendem kalten Wasser abspülen, mit Küchenkrepp trockentupfen. Zwiebeln schälen, fein würfeln. Knoblauch schälen, durch die Presse drücken, mit etwas Salz und Pfeffer mischen, dann das Fleisch damit einreiben.

4 EL Öl in einem Topf erhitzen, die Hälfte der Zwiebelwürfel darin andünsten, Fleisch hinzufügen, von allen Seiten kräftig anbraten, etwas Wasser angießen, ca. 80 Minuten zugedeckt weiterschmoren lassen, zwischendurch immer wieder etwas Wasser angießen.

In der Zwischenzeit Paprikaschoten waschen, halbieren, Stengelansätze, weiße Teile und Kerne entfernen, pürieren. Restliches Öl in einer Pfanne erhitzen, die andere Hälfte der Zwiebelwürfel darin anrösten, Paprikapüree dazugeben, kurz aufkochen und 5 Minuten bei geringer Hitzezufuhr köcheln lassen, mit Salz, Pfeffer und Zucker abschmecken. Eigelb mit der Sahne und Paprikapulver verrühren, Paprikapüree damit binden.

Lammbraten aus dem Topf nehmen, in Scheiben schneiden und warm stellen. Bratenfond mit etwas Wasser ablöschen, Estragonblätter hinzufügen und kurz aufkochen lassen, mit Zitronensaft und saurer Sahne abschmecken, über das Lammfleisch gießen, mit Paprikapüree servieren.

Schwerpunkt Gemüse – Aufläufe, Eintöpfe, Nudel- und Reisgerichte

Spinatnocken mit Ricotta

750 g frischer Blattspinat
Salz
100 g Gruyère · 100 g Emmentaler
500 g Tomaten
1 Schalotte · 2 Knoblauchzehen
250 g Ricotta (ersatzweise Magerquark)
3 Eigelb · 3 EL Mehl
Pfeffer · Zitronensaft · Muskat
250 g Champignons
¼ l trockener Weißwein
1 TL Speisestärke
5 EL Olivenöl
3 EL Essig

Spinat sorgfältig verlesen und gründlich waschen. In reichlich kochendem Salzwasser ca. 1 Minute blanchieren, abschrecken und gut abtropfen lassen, ausdrücken, fein hacken. Käse grob raffeln. Tomaten waschen, in dünne Scheiben schneiden. Schalotte abziehen und in dünne Ringe schneiden. Knoblauch pellen, eine Zehe durch die Presse drücken, die andere halbieren.

Ricotta mit Eigelb, der gepreßten Knoblauchzehe und Mehl glattrühren, Spinat unterheben, gut miteinander verkneten. Mit Salz, Pfeffer, Zitronensaft und Muskat würzen.

Pilze abreiben, blättrig schneiden, mit dem Zitronensaft beträufeln. Topf mit der halbierten Knoblauchzehe ausreiben. Die Hälfte des Käses mit dem Wein unter ständigem Rühren bei milder Hitze langsam schmelzen lassen. Dann den übrigen Käse unterrühren. Speisestärke mit etwas Wasser verrühren und die Käsesauce damit binden, mit Pfeffer abschmecken.

Von der Spinatmasse mit einem Eßlöffel 6 - 8 cm lange Nocken abstechen und in leicht siedendem Salzwasser etwa 10 Minuten gar ziehen lassen.

Pilze trockentupfen, in 1 EL Öl goldbraun rösten. Aus Salz, Pfeffer, Essig und Öl eine Marinade rühren, über die Tomaten und Schalotte träufeln.

Je 3 Nocken mit Käsesauce und Salat anrichten, Pilze darüberstreuen.

Ratatouille

je 1 grüne Paprika und rote Paprika
250 g Zucchini
3 Zwiebeln
2 kleine Auberginen
5 Knoblauchzehen
5 Tomaten · ¼ l Olivenöl
1 TL Kräuter der Provence
Salz · Pfeffer aus der Mühle

Zwiebeln und Knoblauch schälen, Zwiebeln würfeln, Knoblauch durch die Presse drücken. In einem großen Topf Öl heiß werden lassen, Zwiebelwürfel darin goldbraun anbraten, Knoblauch hinzufügen und kurz mitbraten.

Auberginen waschen, Stengelansätze entfernen und in Scheiben schneiden. Paprika waschen, Stengelansätze, weiße Teile und Kerne entfernen, in Streifen schneiden. Zucchini putzen, in Scheiben schneiden. Gemüse in den Topf geben, alles 20 Minuten bei nicht zu starker Hitzezufuhr garen.

In der Zwischenzeit die Tomaten überbrühen, abziehen, Stielansätze und Kerne entfernen und würfeln. Tomatenwürfel zusammen mit Salz, Pfeffer und den Kräutern der Provence dazugeben und weitere 10 Minuten bei schwacher Hitze ziehen lassen, dann servieren.

Ratatouille kann man als Hauptgericht reichen oder als Beilage. Manche mögen die Ratatouille mit frisch geriebenem Parmesan bestreut.

Fritierte Champignons mit verschiedenen Dips

200 g Champignons
200 g Möhren
200 g grüner Spargel
Saft einer Zitrone
50 ml Olivenöl
je ½ Bund Petersilie, Schnittlauch und Basilikum
Salz · Pfeffer
4 Eier
¼ l Bier
250 g Mehl
Salz

Gemüse putzen und evtl. in mundgerechte Stücke schneiden. Möhren und Spargel kurz in heißem Wasser blanchieren, abschrecken, abtropfen lassen und zusammen mit den Champignons, dem Öl, dem Zitronensaft und den Kräutern mischen. Kräftig salzen und pfeffern und 30 Minuten marinieren.

Inzwischen den Bierteig für die Champignons vorbereiten: Eier trennen, Eigelb mit Mehl, Salz und Bier verrühren, 30 Minuten ausquellen lassen. Eiweiß steif schlagen und unterheben. Champignons und Gemüsestücke einzeln in den Teig tauchen, kurz abtropfen lassen und in ca. 180 Grad heißem Fett goldbraun ausbacken.

Mit einer Schaumkelle herausheben und auf Küchenkrepp abtropfen lassen. Auf einer vorgewärmten Platte mit den Kräutern anrichten.

Die folgenden Dips und die Aioli von S. 24 dazu reichen.

Avocado-Dip:

1 Avocado

1 Becher Sahnejoghurt

1 Knoblauchzehe

Saft einer halben Zitrone

Salz · Pfeffer

Avocado halbieren, Stein entfernen, schälen und das Fruchtfleisch mit dem Joghurt und dem Zitronensaft pürieren. Knoblauch pellen und durch die Presse drücken, untermischen. Mit Salz und Pfeffer abschmecken.

Tomatenvinaigrette:

3 Fleischtomaten

1 Zwiebel · 2 Knoblauchzehen

1 Thymianzweig

50 g Butter · 60 ml Olivenöl

2 EL Rotwein- oder Balsamessig

Salz · Pfeffer · 1 Prise Zucker

Die Tomaten heiß überbrühen, abschrecken, häuten. Stielansätze und Kerne entfernen. Eine Hälfte beiseite legen. Die restlichen Tomaten grob würfeln. Zwiebel und Knoblauch schälen, Zwiebel fein würfeln, Knoblauch durch die Presse drücken. Beides in der heißen Butter glasig dünsten. Tomatenwürfel, Thymianblättchen, Salz, Pfeffer und eine Prise Zucker dazugeben, ca. 10 Minuten einkochen lassen. Sauce auf ein Sieb geben und vollständig abtropfen lassen. Die aufgefangene Flüssigkeit mit Essig und Öl verrühren, mit Salz und Pfeffer abschmecken. Die zurückgelegte Tomatenhälfte in kleine Würfel schneiden und unter die Vinaigrette heben. Wer die sie lieber dickflüssiger mag, kann etwas von dem Gemüse durch das Sieb in die Vinaigrette streichen.

Kartoffel-Kräuter-Kuchen

6 Platten TK-Blätterteig
450 g Kartoffeln
2 Knoblauchzehen
1 Bund gemischte Kräuter
Salz · Pfeffer
1 Eigelb
gemischter Blattsalat (Radicchio, Frisée, Eichblatt...)
1 Schalotte
3 EL Weißwein-Essig
6 EL Olivenöl
4 Eier
150 g Crème fraîche · 2 EL Joghurt
Zitronensaft

Blätterteigplatten auftauen lassen. Kartoffeln schälen und in hauchdünne Scheiben hobeln. Knoblauch abziehen, durch die Presse drücken. Kräuter fein hacken. Kartoffelscheiben mit Knoblauch, Kräutern, Salz und Pfeffer in einer Schüssel mischen. Backofen auf 200 Grad vorheizen.

4 Blätterteigplatten ausrollen und eine Tarte- oder Springform damit auslegen. Kartoffelscheiben auf dem Teigboden verteilen. Übrigen Teig ausrollen und die Kartoffeln damit bedecken. Teigränder fest zusammendrücken. Eigelb verquirlen, auf den Kuchen streichen, mit einem scharfen Messer gitterartig einritzen. In die Mitte ein Loch (ca. 2 cm Durchmesser) schneiden und als Dampfabzug ein Röhrchen aus Alufolie hineinstecken. Den Kuchen ca. 50 Minuten goldbraun backen.

Salat putzen, waschen, in kleine Stücke reißen. Schalotte abziehen, fein hacken. Aus Schalotte, Salz, Pfeffer, Essig und Öl eine Salatsauce rühren.

Eier einzeln in einer Tasse aufschlagen, in leicht siedendes Salz-Essig-Wasser gleiten lassen, das Eiweiß mit 2 Löffeln zusammenhalten. 4 Minuten ziehen lassen, herausheben.

Salat mit Sauce anmachen. Crème fraiche mit Joghurt verrühren, mit Salz, Pfeffer und Zitronensaft abschmecken. Kartoffelkuchen ofenfrisch in Stücke teilen, mit Salat und Ei anrichten. Jede Portion mit einem Klecks Joghurt-Dip garnieren.

Kartoffel-Bohnen-Eintopf

500 g Kartoffeln
5 Knoblauchzehen
100 g durchwachsener Speck
1 TL Butter
2 Zwiebeln
500 g Kalbfleisch
6 Salbeiblätter
1 Dose Mais · 1 Dose Kidneybohnen
2 TL Ketchup · etwas Fleischbrühe
Cayennepfeffer · Salz · Pfeffer
250 g Champignons

Kartoffeln waschen, mit der Schale kochen, schälen, vierteln und beiseite stellen. Speck würfeln und in der erhitzten Butter auslassen. Zwiebeln schälen, würfeln und im Speck glasig werden lassen.

Kalbfleisch in Streifen schneiden, Knoblauch schälen und durch die Presse drücken, Salbei kleinhacken, alles zu den Zwiebeln geben und gut durchbraten. Erst wenn das Fleisch fast gar ist, den abgetropften Mais, die Bohnen, das Ketchup und die vorbereiteten Kartoffeln dazugeben. Mit etwas Fleischbrühe auffüllen, mit Cayennepfeffer, Salz und Pfeffer abschmecken. Ca. 10 Minuten auf kleiner Flamme kochen lassen.

Pilze putzen und kleinschneiden, kurz vor dem Servieren zum Eintopf geben, umrühren, kurz durchziehen lassen und anrichten.

Gefüllte Tomaten orientalisch

(6 Portionen)

12 große Tomaten

2 Scheiben Toastbrot

200 g Schalotten

4 Knoblauchzehen

1 Bund Minze · 1 Bund glatte Petersilie

7 EL Olivenöl

350 g Lammhack

1 Ei

Salz · Cayennepfeffer

½ TL Kreuzkümmel · ½ TL Zimt

1 große Gurke

1 TL Senfkörner

1 TL schwarze Zwiebelsaat (türkisches Gewürz)

150 g Schafskäse

Von den Tomaten oben am Stielansatz einen dünnen Deckel abschneiden, Kerne herausschaben, mit der Öffnung nach unten auf Küchenkrepp abtropfen lassen. Toastbrot fein zerbröseln. Schalotten schälen, eine Hälfte davon fein würfeln. Knoblauch pellen, durch die Presse drücken. Etwas von der Minze und der Petersilie fein hacken.

1 EL Öl in einer Pfanne erhitzen, Schalottenwürfel darin andünsten. Lammhack mit Ei, Brot, den gehackten Kräutern, Knoblauch, Salz, Cayennepfeffer, gemahlenem Kreuzkümmel, Zimt und den gedünsteten Schalottenwürfeln gut mischen.

Gurke schälen, längs halbieren, Kerne herausschaben, in 1 cm dicke Scheiben schneiden. Tomaten mit der Hackfleischmasse füllen, mit Senfkörnern und Zwiebelsaat bestreuen. Die restlichen Schalotten in feine Ringe schneiden. Backofen auf 220 Grad vorheizen.

Tomaten in einen großen Bräter setzen, restliches Öl, restliche Minze, Gurkenscheiben und Schalottenringe dazugeben. Mit etwas Kreuzkümmel, Salz und Zimt würzen. Auf der 2. Einschubleiste von unten ca. 25 Minuten garen.

Schafskäse grob zerbröseln. Tomaten mit der restlichen Petersilie und mit Schafskäse bestreut servieren.

Gurkengemüse

1 große Gemüsegurke
1 Zwiebel
200 g durchwachsener Speck
2 EL Öl
3 Knoblauchzehen
1 TL Paprika edelsüß
1 EL Dill · 1 EL gehackte Petersilie
3 EL saure Sahne
Salz · Pfeffer

Gurke schälen und in große Würfel schneiden, Speck fein würfeln, Zwiebel schälen und ebenfalls würfeln.

Öl in einen großen Topf geben und zuerst Speck und Zwiebel anbraten, dann die Gurkenwürfel und 3 EL Wasser hineingeben. Mit Pfeffer und Salz würzen. Knoblauch schälen, durch die Presse in den Topf drücken, 20 Minuten schmoren.

Kräuter hacken und zusammen mit der sauren Sahne zum Schluß dazugeben. Mit Paprikapulver abschmecken und sofort servieren.

Mit Salzkartoffeln als Beilage wird daraus ein köstliches Hauptgericht.

Moussaka

300 g Kartoffeln
800 g Auberginen
¼ l Olivenöl
200 g Zwiebeln
4 Knoblauchzehen
2 Dosen geschälte Tomaten
600 g Hackfleisch
¼ l Weißwein
¼ TL Zucker
½ TL Zimt
Pfeffer
1 TL Oregano
1 Bund glatte Petersilie
100 g Paniermehl
100 g Gruyère
40 g Butter
4 EL Mehl
¾ l Milch
1 Prise Muskat
2 TL Zitronensaft
3 Eier

Kartoffeln mit der Schale kochen, pellen und in dünne Scheiben schneiden. Auberginen waschen, Stielansätze entfernen, in ½ cm dicke Scheiben schneiden. 20 Minuten in kaltes Salzwasser legen, abtropfen lassen und auf Küchenkrepp legen.

4 EL Olivenöl in einer Pfanne erhitzen und die Auberginenscheiben portionsweise auf beiden Seiten hellbraun braten. Wenn nötig noch etwas Öl dazugeben. Auberginenscheiben aus der Pfanne nehmen, wieder auf Küchenkrepp abtropfen lassen. Kartoffelscheiben ebenso kurz anrösten. Zwiebeln und Knoblauch schälen, fein hacken. Tomaten abgießen (Saft auffangen) und würfeln. Das restliche Öl in

der Pfanne erhitzen, Zwiebeln und Knoblauch darin glasig dünsten, dann das Hackfleisch darin anbraten, mit einem Holzlöffel zerbröckeln. Tomaten mit Saft, Weißwein, Salz, Zucker, Zimt, Pfeffer und Oregano unterrühren. Zugedeckt bei mittlerer Hitze 5 Minuten schmoren lassen.

Petersilie waschen, trockentupfen, Blättchen fein hacken, unter das Fleisch ziehen und 5 Minuten weiterschmoren. Backofen auf 180 Grad vorheizen.

2 EL Paniermehl beiseite stellen, den Rest mit der Hälfte des geriebenen Gruyère unter das Hackfleisch ziehen. Pfanne vom Herd nehmen. Butter in einem Topf erhitzen, Mehl darin anschwitzen, Milch langsam unterrühren. 5 Minuten einkochen lassen. Mit Salz, Pfeffer, Muskat und Zitronensaft abschmecken, abkühlen lassen.

2 Eier verquirlen, mit dem restlichen Käse unter die Mehlschwitze heben. Auflaufform einfetten, mit den beiseite gestellten 2 El Paniermehl ausstreuen. 1 Ei unter das Hackfleisch rühren.

Die Hälfte der Auberginenscheiben in die Form schichten, der Reihe nach Kartoffelscheiben, Hackfleischmasse, die restlichen Auberginenscheiben hineingeben und zum Schluß mit der Mehlschwitze bedecken. Eine Stunde im Backofen garen. Mit Oreganoblättchen garniert servieren.

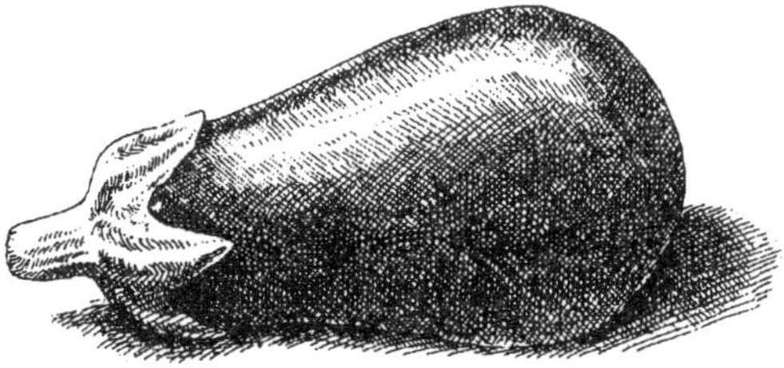

Gefüllte Champignons mit Knoblauchmayonnaise

100 g Pinienkerne
100 g schwarze Oliven ohne Stein
2 Bund glatte Petersilie
50 g Schalotten
8 große Champignons
5 EL Olivenöl
Salz · Pfeffer
¼ l Weißwein

Für die Knoblauchmayonnaise:
2 Eigelb
5 Knoblauchzehen
1 EL scharfer Senf
2 TL Zitronensaft
175 ml Öl
1 Bund Rauke

Pinienkerne in einer Pfanne ohne Fett bei milder Hitze goldbraun rösten, dann fein hacken. Oliven fein würfeln. Petersilie waschen, trockentupfen und grob hacken. Schalotten schälen, klein würfeln. Champignons putzen, Stiele herausdrehen, ebenfalls fein hacken.

Schalottenwürfel in 3 EL Olivenöl anbraten, gehackte Champignonstiele dazugeben. Leicht salzen und pfeffern, weiterdünsten, bis die Flüssigkeit verdampft ist, gelegentlich umrühren. Petersilie, Pinienkerne und die Oliven unterrühren. Champignonköpfe damit füllen.

Weißwein und restliches Olivenöl in eine Pfanne geben, leicht salzen, aufkochen lassen. Die gefüllten Champignons hineinsetzen und zugedeckt ca. 15 Minuten bei milder Hitze garen. Champignons im Sud auskühlen lassen.

Für die Mayonnaise Knoblauch schälen, durch die Presse drücken. Das zimmerwarme Eigelb mit Knoblauch, Senf, 1 Prise Salz und Zitronensaft mischen. Öl tropfenweise mit dem Rührstab unterrühren, bis eine Mayonnaise entsteht.

Champignons auf der Rauke anrichten, mit der Knoblauchmayonnaise servieren.

Auberginen-Tomaten-Gratin

(6 Portionen)

1 kg Auberginen

1 kg Tomaten

Salz · Pfeffer

6 Knoblauchzehen

frisches Basilikum

1 EL Oregano

⅛ l Olivenöl

400 g Mozzarella

Auberginen quer in 1 cm dicke Scheiben schneiden. Tomaten überbrühen und abziehen, in etwas dünnere Scheiben schneiden. Auberginenscheiben vorübergehend in reichlich kaltes Salzwasser legen. Danach auf Küchenkrepp abtrocknen lassen.

In ein tiefes Backblech abwechselnd Auberginen- und Tomatenscheiben legen, salzen und pfeffern. Knoblauch schälen, durch die Presse drücken und gleichmäßig über das Gemüse verteilen. Reichlich Oregano und Basilikum darübergeben. Alles mit Öl beträufeln und im 220 Grad heißen Ofen 20 Minuten backen, bis die Tomaten zu schmelzen beginnen und die Auberginen bräunlich werden.

Mozzarella würfeln und auf der Oberfläche des Gratins verteilen. Weitere 20 Minuten backen, bis der Mozzarella gratiniert ist. Sofort servieren.

Gemüselasagne

100 g Möhren
100 g Sellerie
2 Zwiebeln
4 Knoblauchzehen
300 g gemischtes Hackfleisch
4 EL Öl
4 EL Ketchup
Paprika edelsüß
Salz · Pfeffer
1 Prise Nelkenpulver
1 Msp. Muskat
1 Lorbeerblatt
Basilikum
½ l heiße Brühe
⅛ l Rotwein
500 g grüne Lasagneblätter
40 g Mehl
60 g Butter
¼ l Milch
3 EL geriebener Parmesan
200 g Mozzarella

Gemüse putzen, Knoblauch und Zwiebeln schälen, alles fein würfeln, mit dem Hackfleisch mischen. Öl in einer Pfanne erhitzen, Hackfleisch darin anbraten, Ketchup und Gewürze zugeben, die Hälfte der Brühe und Wein dazugießen, bei schwacher Hitze 30 Minuten köcheln lassen, abschmecken.

Inzwischen die Teigblätter in reichlich kochendem Salzwasser in ca. 10 Minuten bißfest garen. Abgießen und abschrecken, auf Küchenkrepp abtropfen lassen.

Für die Käsesauce das Mehl in 40 g Butter hell anschwitzen, die restliche Brühe und die Milch mit dem Schneebesen unterrühren. Parmesan dazugeben und einige Minuten köcheln lassen, mit Salz, Pfeffer und Muskat abschmecken.

Backofen auf 180 Grad vorheizen. Eine feuerfeste Form einfetten, eine Schicht Lasagneblätter hineinlegen und dann der Reihe nach Fleischsauce, Teigblätter, Fleischsauce, Mozzarellascheiben und noch einmal Fleischsauce hineingeben. Zum Schluß mit Teigblättern abdecken und die Käsesauce darübergießen. Die restliche Butter in Flöckchen darauf verteilen. Im Backofen ca. 30 Minuten überbacken und sofort servieren.

Blumenkohlcurry

1 Blumenkohl

1 Zwiebel · 3 Knoblauchzehen

1 Scheibe frischer Ingwer oder 1 TL Ingwerpulver

3 rote Chilis

3 EL Butterschmalz

3 TL Currypulver

½ TL Kreuzkümmel

Salz

200 g Joghurt

Zucker

etwas Petersilie

Blumenkohl waschen, putzen, in Röschen zerteilen, Strunk in Scheiben schneiden. Zwiebel, Knoblauch und Ingwer schälen, fein hacken. Chilis putzen, sehr fein würfeln.

Butterschmalz in einer großen Pfanne mit Deckel erhitzen, Zwiebel, Knoblauch, Ingwer und Chilis darin anrösten. Blumenkohl dazugeben, mitrösten, mit Curry, Kreuzkümmel, Salz und Zucker bestreuen. 3 EL Joghurt hineinrühren.

Falls der Blumenkohl ansetzt, etwas Wasser angießen. Deckel daraufsetzen. Blumenkohl bißfest garen. Den restlichen Joghurt mit der Sauce verquirlen und mit Petersilie bestreut servieren.

Gefüllter Blumenkohl

1 großer Blumenkohl

500 g Hackfleisch

1 große Zwiebel · 4 Knoblauchzehen

1 Dose Tomaten

1 Brötchen

3 EL Paniermehl

1 Ei

2 EL gehackte Petersilie

2 EL Öl · 1 TL Butter

Muskat · Salz · Pfeffer

Brötchen einweichen. Blumenkohl eine halbe Stunde lang in Essigwasser mit 2 EL Salz legen, damit evtl. vorhandene Tiere entfernt werden können. Strunk kreuzweise einschneiden.

In einem großen Topf mit heißem Salzwasser den Blumenkohl bei schwacher Hitze 10 Minuten vorkochen.

Knoblauch schälen, eine Zehe durch die Presse drücken. Das Hackfleisch mit Ei, Petersilie, Knoblauch und Gewürzen mischen. Brötchen ausdrücken und ebenfalls untermischen.

Blumenkohl aus dem Wasser nehmen und mit einem Löffel von oben so weit aushöhlen, daß er sich mit der Hackfleischmasse füllen läßt. Backofen auf 200 Grad vorheizen.

Tomaten mit einer Gabel zerdrücken. Zwiebel schälen, fein hacken, den restlichen Knoblauch durch die Presse drücken.

2 EL Öl in einer Pfanne erhitzen, Zwiebel und Knoblauch kurz andünsten, Tomaten hinzufügen, würzen und kurz durchziehen lassen.

Tomatenmasse in eine Auflaufform füllen, Blumenkohl mit dem Strunk nach unten hineinsetzen. Paniermehl in 1 TL Butter anrösten und darübergeben, danach im Backofen 30 Minuten garen, sofort servieren.

Safranrisotto mit Pilzen

25 g getrocknete Steinpilze
1 Zwiebel · 3 Knoblauchzehen
3 EL Olivenöl · 3 EL Butter · 300 g Rundkornreis
¼ l Weißwein · ¾ l heiße Hühnerbrühe
1 Döschen Safran · Salz · Pfeffer
150 g Egerlinge · 2 EL Sonnenblumenöl
5 Rosmarinnadeln · 2 frische Zweige Majoran
2 frische Zweige Thymian · 1 Bund glatte Petersilie
50 g Parmesan gerieben

Pilze in lauwarmem Wasser einweichen. Zwiebel und den Knoblauch schälen, fein würfeln. Das Olivenöl und die Butter in einem großen Topf erhitzen, Zwiebel und Knoblauch zusammen mit dem Reis darin glasig dünsten.

Pilze durch ein Sieb abgießen, Einweichwasser auffangen. Steinpilze zum Reis geben, kurz mit erhitzen, Weißwein angießen, unter Rühren einkochen. Hühnerbrühe mit dem Pilzwasser mischen, ein Drittel davon zum Reis geben, wieder unter Rühren einkochen lassen. Safran dazugeben, mit etwas Salz und Pfeffer würzen. Das zweite Drittel der Brühe dazugeben, einkochen lassen, dann die restliche Brühe angießen und ca. 35 Minuten bei geringer Wärmezufuhr ausquellen lassen.

Egerlinge putzen, blättrig schneiden, in Öl 5 Minuten anbraten, Rosmarin dazugeben und mit Salz und Pfeffer würzen. Kräuter grob hacken, unter die Pilze mischen, vom Herd nehmen. Käse und restliche Butter unter den Reis mischen. Zum Schluß die gebratenen Pilze unterheben, sofort servieren.

Shii-Take-Gemüsepfanne

60 g Weizenkörner
⅛ l Brühe
2 EL Sojasoße
1 Zwiebel
2 EL Butter
200 g Möhren
1 Kohlrabi
200 g kleine Zucchini
400 g Shii-Take-Pilze
Salz · Pfeffer
Zitronensaft
3 Knoblauchzehen
1 Beet Kresse

Weizenkörner über Nacht in kaltem Wasser einweichen. Am nächsten Tag die Körner mit Brühe und Sojasoße übergießen und 15 Minuten kochen.

Zwiebel schälen, fein hacken. Möhren und Kohlrabi schälen, klein würfeln. Zucchini waschen, Stengelansätze entfernen, längs vierteln und in 3 cm lange Stücke schneiden. Pilze mit Küchenkrepp abreiben, Stiele entfernen.

In einer großen Pfanne mit Deckel Butter heiß werden lassen, erst die Zwiebeln darin langsam weich dünsten, dann die Pilze anbraten, Gemüse hinzufügen und alles gut miteinander mischen. Mit Salz, Pfeffer und Zitronensaft würzen. Knoblauch schälen, durch die Presse in die Pfanne drücken. Gemüse 5 Minuten schmoren, dann die Weizenkörner mit der Hälfte der Sojabrühe dazugeben und weitere 7 Minuten zugedeckt schmoren. Kräftig abschmecken.

Kresse abbrausen und die Blättchen kurz vor dem Servieren über das Gemüse verteilen. Umrühren und servieren.

Peperonata

4 große grüne Paprika
6 EL Olivenöl
1 Zwiebel
3 Knoblauchzehen
Salz · Pfeffer
400 g Tomaten
1 EL gehackte Petersilie

Die Paprikaschoten waschen, halbieren, Stielansätze, weiße Teile und Kerne entfernen. Zwiebel und Knoblauch schälen, in Scheiben schneiden. Öl in einem Bräter erhitzen, Zwiebel und Knoblauch darin ca. 5 Minuten anbraten, Paprikastreifen dazugeben, mit Salz und Pfeffer würzen und unter gelegentlichem Umrühren 5 Minuten schmoren.

Inzwischen die Tomaten überbrühen, abziehen, Stengelansätze und Kerne entfernen, würfeln, mit der Petersilie zum Paprikagemüse geben.

Zugedeckt ca. 25 Minuten schmoren, bis die Masse dicklich eingekocht ist. Häufiger umrühren. Die Peperonata schmeckt heiß und kalt.

Orientalischer Kartoffelauflauf mit Lauch

(6 Portionen)

2 kg Kartoffeln

300 g Schalotten

750 g Lauch

6 Knoblauchzehen

8 EL Öl

1 kg Lammgulasch

Salz

Pfeffer

2 EL Senf

3 Lorbeerblätter

2 Bund glatte Petersilie

1 Bund Minze

1 EL abgeriebene Schale einer unbehandelten Zitrone

Kartoffeln schälen, längs in dünne Scheiben schneiden, mit Wasser bedecken. Schalotten schälen, halbieren. Weiße und grüne Lauchteile in Scheiben schneiden. Knoblauch pellen, durch die Presse drücken.

In einer großen Pfanne 2 El Öl erhitzen, Lauch und Schalotten unter Wenden bei starker Hitze 6 Minuten darin anbraten. Lammfleisch portionsweise kurz in weiteren 2 EL heißem Öl anbraten. Alles zurück in die Pfanne geben, mit Salz, Pfeffer, Senf, Lorbeer und Knoblauch würzen und 8 Minuten weiterbraten. Petersilie und Minze grob hacken. Backofen auf 200 Grad vorheizen.

In einer großen Auflaufform nacheinander ein Drittel der abgetropften Kartoffelscheiben, ein Viertel der Kräuter, den Lauch und die Schalotten, wieder ein Viertel der Kräuter, ein Drittel der Kartoffelscheiben, 2 EL Olivenöl, wieder ein Viertel der Kräuter, das Lammfleisch, die Zitronenschale, das letzte Drittel der Kartoffelscheiben und das restliche

Olivenöl einschichten. Kartoffeln und Gemüse jeweils leicht salzen.

Im Backofen auf der untersten Schiene eine Stunde abgedeckt und weitere 30 Minuten offen garen. Mit den restlichen Kräutern bestreut servieren.

Kichererbseneintopf

200 g Kichererbsen
1 Zwiebel
2 EL kernige Gemüsebrühe
1 Lorbeerblatt
3 Knoblauchzehen
1 Zweig Rosmarin
4 EL Olivenöl
2 TL Ketchup
Salz
Pfeffer
200 g Suppennudeln
1 Bund glatte Petersilie

Kichererbsen über Nacht in 1 ½ l Wasser einweichen.

Zwiebel schälen, vierteln. Kichererbsen abgießen, Flüssigkeit auffangen und wieder auf 1 ½ l auffüllen. Kernige Gemüsebrühe einrühren und die Kichererbsen mit Zwiebel und Lorbeerblatt darin ca. 2 Stunden kochen.

Knoblauch pellen, grob hacken, mit dem Rosmarinzweig in etwas Öl andünsten. Etwas von der Brühe abnehmen und mit dem Ketchup verrühren, in die Pfanne geben. Die Hälfte der Kichererbsen aus der Suppe nehmen, und mit dem Pfanneninhalt pürieren, zurück in die Suppe geben, salzen und pfeffern.

Suppennudeln in der Suppe garen, mit gehackter Petersilie bestreuen und sofort servieren.

Gemüsepaëlla

1 Zwiebel
3 Knoblauchzehen
6 EL Olivenöl
200 g Reis
200 g frische weiße Bohnen
¾ l heiße Gemüsebrühe
1 Döschen Safran
2 Zucchini · 1 Aubergine
Salz
2 rote Paprikaschoten
3 Stengel Bohnenkraut
30 g Pinienkerne
Pfeffer

Zwiebel und Knoblauch schälen, fein hacken. 3 EL Öl in einem Topf erhitzen, Knoblauch, Zwiebel, Reis und Bohnenkerne darin andünsten. Von der Brühe ⅛ l beiseite stellen.

Mit dem Rest den Reis ablöschen, Safran dazugeben und alles zugedeckt 30 Minuten ziehen lassen. Zucchini und Aubergine waschen, längs vierteln und in Stücke schneiden. Auberginenstücke mit Salz bestreuen. Paprika putzen, waschen, Stielansätze, weiße Teile und Kerne entfernen und in Streifen schneiden. Bohnenkraut waschen, Blättchen abzupfen.

Pinienkerne in einer Pfanne ohne Fett anrösten. Von den Auberginenstücken das ausgetretene Wasser mit Küchenkrepp abtupfen.

Restliches Öl in einer Pfanne erhitzen, Auberginen- und Zucchinistücke darin andünsten, Bohnenkraut und restliche Brühe hinzufügen, 10 Minuten schmoren lassen, mit Salz und Pfeffer abschmecken.

Reis zum Gemüse in die Pfanne geben und zusammen noch 2 Minuten durchziehen lassen. Mit Pinienkernen bestreut servieren.

Tomatengratin mit Knoblauch

700 g Tomaten
Salz · Pfeffer · 5 Knoblauchzehen
4 EL Paniermehl · 3 EL Parmesan gerieben
½ Bund Petersilie · ½ Bund Majoran
4 EL Olivenöl

Tomaten abspülen, trockentupfen, quer in ½ cm dicke Scheiben schneiden. In eine große gefettete Gratinform dachziegelartig einschichten, jede Lage salzen und pfeffern. Knoblauchzehen pellen, in feine Stifte schneiden und mit Paniermehl und Parmesan mischen.

Petersilie und Majoran fein hacken, einige Blättchen zum Garnieren beiseitelegen. Kräuter unter die Bröselmischung mengen, über die Tomaten streuen, mit Öl beträufeln.

Im Ofen bei 225 Grad ca. 15 Minuten backen. Mit Kräutern bestreut servieren.

Zwiebelgemüse

2 große Gemüsezwiebeln · Salz
2 Stangen Lauch · 4 Knoblauchzehen
120 g Butter · 4 EL Weißwein · Pfeffer
100 g Parmesan

Zwiebeln schälen, fein würfeln, in kochendem Salzwasser eine Minute blanchieren, abgießen und abtropfen lassen. Lauch putzen, waschen, in Ringe schneiden. Knoblauch schälen, fein würfeln. 60 g Butter erhitzen, Zwiebeln, Knoblauch und Lauch darin andünsten. Weißwein zugeben, 15 Minuten zugedeckt und 10 Minuten offen schmoren. Restliches Fett dazugeben , mit Salz und Pfeffer würzen. Zum Servieren Parmesan frisch über das Zwiebelgemüse hobeln.

Spaghetti mit buntem Knoblauchgemüse

400 g Spaghetti
750 g Lauch
250 g Möhren
200 g Austernpilze
500 g Tomaten
3 EL Butterschmalz
2 TL Ingwer
Salz
2 Knoblauchzehen
2 TL Speisestärke
¼ l heiße Gemüsebrühe
3 EL Sojasoße
3 EL trockener Sherry
Pfeffer
Sesamsamen zum Garnieren

Lauch waschen, putzen, in 2 cm lange Stücke, dann in feine Streifen schneiden. Möhren putzen, grob würfeln. Austernpilze waschen, putzen, evtl. halbieren oder vierteln.

Tomaten überbrühen, abziehen, achteln, Stielansätze und Kerne entfernen. Tomatenstücke nochmals halbieren. Knoblauch schälen, durch die Presse drücken.

Butterschmalz in einem Wok oder einer großen Pfanne erhitzen. Lauch, Ingwer, Salz, Möhrenwürfel und Pilze hineingeben. Unter ständigem Rühren bißfest garen. Tomatenstücke und Knoblauch unterheben und kurz mitdünsten. Gemüse aus dem Wok nehmen und warm stellen.

Speisestärke mit der Brühe verrühren, im Wok aufkochen, mit Sojasoße, Sherry und Pfeffer abschmecken. Kurz erwärmen und das Gemüse wieder in den Wok geben.

Spaghetti in reichlich kochendem Salzwasser bißfest garen, in ein Sieb schütten, abbrausen. Evtl. 1 EL Öl unterziehen, damit die Spaghetti nicht kleben. Dann das Gemüse auf dem Spaghettibett anrichten. Nach Belieben mit Sesamsamen garnieren.

Kartoffelpfanne mit Mandeln

2 Zwiebeln
2 EL Olivenöl
500 g Kartoffeln
500 g Möhren
2 EL gehackte Petersilie
6 Knoblauchzehen
2 cl Weißwein
Salz · Pfeffer
100 g Mandeln
2 Eier
½ TL Kurkuma
1 Dose Erbsen
50 g Parmesan gerieben

Zwiebeln schälen, fein hacken. In einem großen Topf das Öl heiß werden lassen, Zwiebeln darin glasig dünsten, Kartoffeln und Möhren putzen, fein würfeln, in den Topf geben und 5 Minuten schmoren.

Knoblauch schälen, fein hacken, mit der Petersilie, dem Wein und ¼ l Wasser in den Topf geben, salzen und pfeffern. Zugedeckt 10 Minuten köcheln lassen. Mandeln überbrühen, abziehen und mahlen.

Eier hart kochen, Eigelb vom Eiweiß trennen. Eiweiß zum Garnieren aufheben. Hartes Eigelb zusammen mit den Mandeln und dem Kurkuma zu einer Creme verarbeiten, mit 3 EL Flüssigkeit aus dem Topf verdünnen, dann unter Rühren in den Topf geben. Gründlich umrühren. Erbsen dazugeben, noch einmal 10 Minuten kochen lassen. Mit Parmesan und dem feingehackten Eiweiß bestreut servieren.

Linseneintopf mit Lammfleisch

(8 Portionen)

1 kg Lammschulter

100 g durchwachsener Speck

200 g Schalotte

200 g Möhren

300 g Lauch

5 Knoblauchzehen

3 grüne Chilischoten

100 g Dörrpflaumen

100 g getrocknete Tomaten in Öl

2 Bund Thymian

Salz

1 l Lammfond oder Gemüsebrühe

400 g kleine Linsen

250 g Cabanossi

100 g schwarze Oliven

⅛ l Rotwein

Fett und Sehnen von der Lammschulter entfernen, 50 g Lammfett und Lammfleisch würfeln. Speck ohne Schwarte quer in Scheiben schneiden. Schalotten schälen und je nach Größe halbieren oder vierteln. Möhren und Lauch putzen, in Scheiben schneiden. Knoblauch schälen, grob hacken. Chilischoten längs halbieren, Kerne und Stielansätze entfernen. Pflaumen halbieren. Getrocknete Tomaten würfeln, Öl auffangen.

Lammfett und Speck in einer Pfanne knusprig ausbraten, mit der Schaumkelle herausheben und in einen Bräter geben. Blättchen von einem Bund Thymian abziehen, zusammen mit dem Lammfleisch in der Pfanne kräftig von allen Seiten anbraten, etwas salzen, mit ¼ l Lammfond ablöschen, in den Bräter geben. Linsen und ½ l Lammfond dazugeben. Backofen auf 200 Grad vorheizen. Tomatenöl in der Pfanne erhitzen, Schalotten, Möhren, Lauch, Knoblauch,

Chilischoten, Pflaumen und Tomaten darin scharf anbraten, mit dem restlichen Lammfond ablöschen und alles über die Linsen und das Fleisch geben. Alle Zutaten im Bräter gut vermischen.

Zugedeckt im Backofen auf der untersten Schiene in etwa 90 Minuten garen. Cabanossi in Scheiben schneiden, mit den Oliven, den restlichen Thymianblättchen und dem Rotwein 15 Minuten vor Ende der Garzeit unter die Linsen mischen. Heiß servieren.

Prinzeßbohnen in Knoblauchsauce

1 große Tomate

600 g Prinzeßbohnen

3 EL Olivenöl

4 Knoblauchzehen

Salz · Pfeffer

Tomate überbrühen, abziehen, kleinschneiden. Die Bohnen putzen, halbieren. Knoblauch schälen, fein hacken.

Öl in einer Kasserolle erhitzen, Knoblauch hineingeben, vorsichtig bräunen, dann Tomate und Bohnen mit so viel Wasser dazugeben, daß die Bohnen knapp bedeckt sind. Salzen und pfeffern, aufkochen lassen. Temperatur reduzieren, die Bohnen zugedeckt ca. 25 Minuten dünsten.

Gegen Ende der Garzeit den Deckel abnehmen und bei starker Hitze die Sauce einkochen. Die Bohnen in Knoblauchsauce schmecken heiß als Beilage oder kalt als Vorspeise.

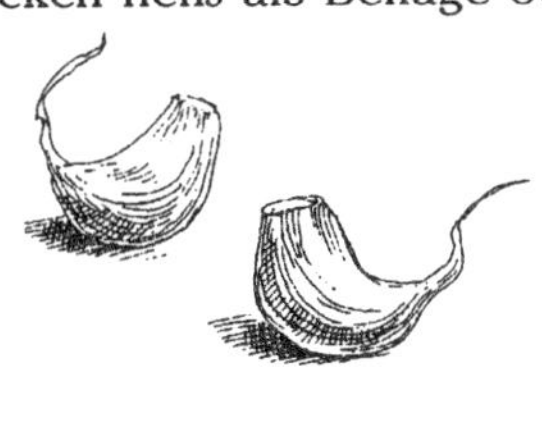

Spinat-Quiche

300 g Mehl · 150 g Butter
Salz · 1 Ei · 1 Eigelb
Fett für die Form

Für den Belag:
800 g Blattspinat · Salz
1 Zwiebel · 2 EL Butter
Pfeffer · Muskat
2 Fleischtomaten · 10 mit Paprika gefüllte grüne Oliven
2 Knoblauchzehen · 500 g Ricotta · 2 Eier
½ unbehandelte Zitrone
50 g Parmesan

Für den Mürbeteig Mehl, 130 g Butter in Stücken, eine Prise Salz, Ei und Eigelb rasch zu einem glatten Teig verkneten, 30 Minuten kalt stellen.

Spinat verlesen, putzen, waschen, in kochendem Salzwasser blanchieren, abschrecken und abtropfen lassen. Grob hacken. Zwiebel schälen und fein würfeln. 1 EL Butter in einem Topf erhitzen, Zwiebel darin anschwitzen, Spinat dazugeben, mit Salz, Pfeffer und Muskat würzen.

Tomaten überbrühen, abziehen, halbieren, Stielansätze und Kerne entfernen, fein würfeln. Oliven vierteln. Knoblauch abziehen und durch die Presse drücken.

Backofen auf 200 Grad vorheizen. Ricotta mit den Eiern verquirlen, mit Salz, Pfeffer, Knoblauch, 2 TL Zitronensaft und etwas abgeriebener Schale kräftig würzen. Pie- oder Tarte-Form gut fetten. Mürbeteig ausrollen und die Form damit auskleiden, mit einer Gabel mehrfach einstechen. 5 Minuten vorbacken.

Spinat und Oliven unter die Ricottamasse heben und auf dem Teig verteilen. Tomatenwürfel darüberstreuen, salzen. Geriebenen Parmesan und die restliche Butter in Flöckchen darauf verteilen. Im Backofen in 45 Minuten backen.

Italienisches Gemüsegratin

2 Auberginen · 4 Zucchini
je 1 rote, grüne und gelbe Paprikaschote
600 g Tomaten
150 g Zwiebeln · 4 Knoblauchzehen
4 EL Olivenöl · Salz · Pfeffer
1 TL fein gehacktes Basilikum
½ TL gehackte Pfefferminze
½ TL Oregano
6 Sardellenfilets
etwas Butter für die Form
20 g Butter
20 g Mehl
⅛ l Weißwein · etwas Milch
80 g Parmesan

Auberginen und Zucchini waschen und in Scheiben schneiden. Paprikaschoten halbieren, waschen, die Stielansätze und Kerne entfernen und in 1 cm breite Streifen schneiden. Die Tomaten überbrühen, abziehen und vierteln. Zwiebeln schälen und würfeln. Den Knoblauch schälen und durch die Presse drücken.

Öl in einem Topf erhitzen, beides darin anschwitzen. Das Gemüse bis auf die Tomaten dazugeben und unter Rühren 2 Minuten dünsten, vom Herd nehmen, Tomaten zufügen, mit Salz, Pfeffer und den Kräutern würzen. Gemüse in eine gefettete Auflaufform schichten, die halbierten Sardellenfilets darauf verteilen. Backofen auf 210 Grad vorheizen.

Für die Sauce die Butter erhitzen, Mehl einstreuen und hell anschwitzen, mit Weißwein aufgießen. Sauce mit dem Schneebesen glattrühren und etwas einköcheln lassen. Mit Salz und Pfeffer würzen, eventuell mit etwas Milch verdünnen. Parmesan reiben und unter die Sauce mischen. Sauce über dem Gemüse verteilen und das Gratin im Backofen 30 Minuten überbacken.

Rezeptregister